신용불량자라는 다리를 건너
사회복지학 박사가 되다

**신용불량자라는 다리를 건너
사회복지학 박사가 되다**

초판 1쇄 인쇄 2020년 5월 29일
초판 1쇄 발행 2020년 6월 11일

지은이	유명길
펴낸이	김지홍

편집	김지홍
디자인	이미리

펴낸곳	도서출판 북트리
주소	서울시 금천구 서부샛길 606 30층
등록	2016년 10월 24일 제2016-000071호
전화	0505-300-3158	팩스 0303-3445-3158
이메일	booktree11@naver.com
홈페이지	http://blog.naver.com/booktree77

값	13,000원
ISBN	979-11-6467-037-6 03810

- 이 책은 저작권에 등록된 도서로 저작권법에 따라 무단전재 및 복제와 인용을 금지합니다.
- 이 책 내용의 전부 및 일부를 이용하려면 저작권자와 도서출판 북트리의 서면동의를 받아야 합니다.
- 잘못된 책은 구입하신 서점에서 바꾸어 드립니다.

이 도서의 국립중앙도서관 출판예정도서목록(CIP)은 서지정보유통지원시스템 홈페이지(http://seoji.nl.go.kr)와 국가자료종합목록 구축시스템(http://kolis-net.nl.go.kr)에서 이용하실 수 있습니다. (CIP제어번호 : CIP2020021710)

신용불량자라는 다리를 건너

사회복지학 박사가 되다

윤명길 지음

머릿말

나는 어려서 북쪽으로 인왕산을 바라보며 자랐다. 산의 형상처럼 나의 삶은 오르락내리락을 반복하고, 좌충우돌하며 많이 슬퍼하고 힘들어했다. 살아있다는 것은 결국 산을 오르고 내려가는 과정이라는 사실을 깨닫고 이제는 산에서 내려가는 길에 익숙해졌다. 삶은 결국 본질을 찾는 행위이며 평생 끝내지 못할 과업이었다.

필자는 인생을 살아가면서 내리막길에 어려움, 즉 정상을 향해 산을 오를 때 보다 산을 하산할 때 위험과 어려움을 경험하면서 인생에서 내리막의 삶을 어떻게 견디고 살아갈까? 아니, 나처럼 위기의 가정과 삶을 살아가는 많은 분이 좌절하지 않고 반드시 다시 일어설 수 있으리라는 기대감과 희망을 가지고 한 글자씩 차분하게 써 내려가고자 한다.

이 책을 쓸 수 있게 된 계기는 사회복지학 박사학위 논문을 준비하면서였다. 수많은 자료를 모아놓고 책상 옆에, 잠자리 옆에 놓고 씨름하던 그 세월 속에서 나 스스로에게 용기와 경각심을 주기도 하고, 마음을 자극하여 용기를 내고 다시 새 출발을 하곤 하였다. 필자에게는 그 박사학위 논문이 스스로를 일깨워 주고 끊임없이 노력하고 또 적극적인 자세로 다시 살아갈 수 있게 하는 인생 후반부의 지표가 되었다.

　필자는 글재주가 없다. 서술적이고 논술적인 글로 강의 자료를 준비하거나 하나님의 말씀을 준비하며 살아 온 경험이 전부인 사람이다. 그래서 이 책은 글이 거칠고 어설프기만 하다. 긍정적으로 이야기하면 그것이 오히려 진솔한 참 나의 것이란 생각이 들어 좋을 수도 있다. 나의 글이 독자로 하여금 조금이라도 위안이 되고 용기를 낼 수 있는 계기가 될 수 있다면 좋겠다는 기대와 희망을 갖고 출판을 결심했다.

　또 지나간 세월의 나 자신을 돌아보며 참회의 기회가 되었다. 삶의 의미와 인생이 무엇인가에 대해서도 많은 것을 깨달았다. 나아가 앞으로 남은 인생을 살아가면서 보다 더 보람되고 가치 있는 삶을 살아야겠다는 각오와 다짐을 하는 계기가 되었다.

인생의 모든 걸음은 오곡백과 열매를 맺기 위해 다가가는 과정이었음을 이제야 느꼈다. 열매, 아름다운 결과, 그것은 깨달음과 행복이었다.

　　그동안 나 자신이 이 만큼 성장하는데 기본적인 지식을 습득하게 해주신 존경하는 교수님들 한 분, 한 분께 깊은 감사를 드린다. 그리고 출간하는 데까지 말없이 응원해준 오랜 친구 홍영모에게 지면을 통하여 진심으로 감사하다는 말을 전하고 싶다. 무엇보다 인생의 동반자이며, 늦은 밤까지 글쓰기의 뒷바라지를 해준 아내에게 '사랑한다.'라는 말을 전하고 싶다. 끝으로 딱딱하고 어설픈 글을 독자 여러분이 넓은 사랑과 이해심으로 잘 봐주시길 바랍니다. 앞으로도 독자분들의 충고와 조언을 바라 마지않습니다. 그리고 이 책을 통해 신용불량자와 그 가족을 돕기 위한 작은 모임이 만들어지길 소망하며….

2020년 4월 26일 저자 윤명길

CONTENT

1. 밀가루와 별 사탕 — 08p
2. 무너져 내리는 자존감을 뒤로하고 — 12p
3. 가족의 경제적 지원의 어려움 — 16p
4. 지역사회에서 살아가기 위한 체면 — 20p
5. 복지제도권 밖으로 내몰리는 신용불량자 — 22p
6. 우리 사회가 바라보는 신용불량자 — 28p
7. 신용불량자가 된 원인은 무엇인가? — 30p
8. 신용불량자가 되어 경험한 어려움 — 38p
9. 계속된 경제소득의 감소로 인한 변화 — 46p
10. 신용불량자, 나를 부정적으로 바꾸게 하다 — 53p
11. 절망감, 나의 가장 친한 친구가 되어가다 — 56p
12. 어두운 터널 속에서 깊어가는 부부 갈등 — 59p
13. 잃어버린 나의 레질리언스를 찾아서 — 61p
14. 대한민국에서 신용불량자로 살아가기 — 69p
15. 신용불량자 삶에서 나타난 변화 — 78p
16. 사회활동의 부적응 — 97p
17. 신용회복 과정 경험의 신용회복 의지 — 105p
18. 역경을 극복하기 위한 능력 동원하기 — 111p

밀가루와 별 사탕

1997년 그때는 내가 결혼한 지 3년째 되던 그리고 막 30대라는 나이로 들어서는 시기였다. 이 당시를 회고해 보니 우리나라가 태어나서 처음 들어보는 'IMF'로 인하여 국민들이 큰 위기를 경험하고 있던 시기라고 생각된다. 그러나 나에게는 이 'IMF'라는 단어가 그렇게 심각하게 다가오지는 않았다.

말로만 듣던 그 외환위기는 1968년대에 태어난 나와 1960년대 경제개발계획을 추진한 이후 최초로 국가에 닥친 경제적 위기이며 중산층의 삶을 뒤흔든 사건이었지만, 우리 국민들에게는 갑작스러운 실직, 사업부도, 경제소득 하락으로 인해 늘어나는 금융부채 부담과 생활 수준의 하락은 그 자체가 고통스러운 경험이었다.

그 어떤 고통과 위기를 경험하지 못한 나는 오히려 그 지긋지긋하다던 'IMF' 고비를 넘기고 나서 몇 년 후 정말 되돌리지 못할 운명의 '신용불량자의 다리'를 건너고 만다.

나와 같은 또래 친구들 이상의 어르신들이 한 번쯤 경험한 일이 문득 생각이 난다. 지긋지긋한 가난 때문에 매달 마지막 월요일이면 아버지 손에 이끌리어 가던 곳, 그곳에서 아버지는 밀가루 한 포와 보리

건빵을 받으시면 나는 건빵 속에 있던 별 사탕을 입안 한가득 집어넣고 집으로 오던 그 시절이….

그러나 '신용불량자의 다리'를 건너보니 그보다 더 가슴 아픈 시절이었다는 사실을 실감하게 되었다.

집안에 밀가루가 날릴 때 어머님께 우리 집은 왜 쌀밥 안 먹느냐고 물어보았는데 '밀가루가 몸을 더욱 건강하게 하는 것이다'라는 어머니 말에 쌀밥 먹는 동네 녀석들에게 "우리 집은 쌀밥을 왜 안 먹는 줄 알아? 밀가루가 몸에 더 좋은 거래. 우리 엄마가." 나는 참 바보스럽기만 했었다.

바보 같은 내게 처음 들어보는 'IMF'라는 단어보다 '신용불량자'라는 단어는 나의 가슴을 도려냈다. 아니, 우리 가족의 가슴에 피멍을 들게 하였다.

아니, 그 경험은 지금도 나와 같은 경험에 수많은 '신용불량자 다리'를 건너고 있는 사람들, 건너온 사람들, 그 다리 한중간에서 멈춰 있는 사람들, 그 다리를 건너지 않으려고 몸부림치고 있는 사람들의 경험과 같기만 하다. 그리고 그들과 지금도 함께 숨 쉬고 있다.

내가 경험한 신용불량자, 이들을 우리 사회는 어떻게 인식하고 있는가? 본인은 이제 신용불량자로서 우리나라에서 생존하기 위해 몸부림쳤던 그 경험을 한 페이지, 한 페이지 써 내려가려 한다.

'IMF' 이후 우리 사회 전체에서 갑작스러운 실직, 조기퇴직, 사업부도 경험이 있던 분들의 특징을 떠올려보니 금융권 채무 연체 등으로 인해 신용등급이 낮아져 금융권을 이용하지 못해 대부업체에서 높은 이자를 주고 돈을 빌려 돈을 갚는 악순환[1]의 삶을 사신 것 같다.

어릴 적부터 가난했던 우리 집, 그러나 나는 어머님의 가르침의 영향을 많이 받은 것 같다. 술과 도박에 빠져 월급 한 번 제대로 어머님께 가져다주지 않은 아버지, 기대감 없는 아버지를 뒤로하고 어머니의 모든 기대는 아들인 나로 향하고 계셨다.

그 당시를 사신 우리네 어머님은 모두 그러하셨던 것 같다. 찢어지게 가난하면서도 어머님은 여동생과 나를 한 달에 한 번 꼭 고아원 방문을 시키셨다. 그리고 하시는 말씀이 "명길아! 너도 많이 배고프고 맛있는 자장면도 매일 먹고 싶지? 자장면 못 먹어도 너는 엄마가 옆에 있지? 그런데 저 아이들은 엄마, 아빠가 돌아가시고 안 계시니, 명길이 너는 더 행복한 거야. 엄마가 이곳에 너를 데리고 오는 것은 이다음에 훌륭한 사람이 되면 꼭 너보다 어려운 사람을 도와주는 사람이 되라고" 그때부터이었는지는 몰라도 나는 그렇게 고등학교를 졸업하고 대학교에서 사회복지학을 공부하고 졸업 후 사회복지 현장에서 일하는 평범한 사람이었다.

군대를 다녀온 후 대학교 2학년일 때 어머님께서 뇌졸중으로 정상적인 삶을 살아가실 수 없게 되어 어머님 병간호하면서 학비와 생활비를 벌면서 고된 삶을 살아갔지만, 그때 삶의 경험 때문인지 나는 한 가정의 치매 환자 또는 중풍, 기타 뇌 질환 환자를 돌보는 가족들의 피눈물 나게 찢어지는 아픔과 자기를 희생하는 마음을 100분의 1은 이해할 것 같다.

---

1) 전라일보, 2009.03.30일 자.

경제적 여유가 없는 가정에서 환자를 돌보는 일은 말할 수 없는 고통 그 자체이며 웃음은 찾아보기 힘든 사치이다.

내게도 어머니를 돌보며 학비와 생활비를 장남이기에 부담해야 하는 그리고 무능력한 아버지를 원망하고만 있을 수 없는 시간이 한없이 흘러만 갔다. 그냥 숨만 쉬면 되었다.

학교 수업 중 전공과목을 제외한 선택과목들은 아르바이트 시간을 뺀 나머지 시간에 수강할 수 있도록 나의 관심과는 전혀 상관없이 선택하여 학점을 이수해 나갔다. 너무 외롭고 지쳐갈 즈음에 대학교 동기가 그러다 죽을 것 같았는지 다 쓰러져가는 나의 몸을 일으켜 세우고 인생의 동반자가 되어주겠노라고 내 손을 잡아 주었다.

결혼 후 첫 딸아이가 태어났지만, 우리나라에서 말하는 그 흔한 '아들이기 때문에', '장남이기 때문에'라는 굴레로 너무나 많은 심리적·경제적 아픔과 고통을 사랑하는 '나의 반쪽'에게 실어주었다.

또한 사회복지사 급여로는 도저히 어머니 병원비, 생활비, 양육비를 생각할 수 없었다. 결국, 사회복지사의 길을 접어야 했다. 이직을 결심하고 새로운 일을 시작하고 조금씩 경제적 어려움을 벗어나면서 생활의 안정을 찾을 즈음에 어머님은 우리와 이별하시게 되었다.

한 달에 한 번 받아 온 밀가루로 수제비와 칼국수를 해주시던 그리운 어머니, 나는 한 달에 한 번 누런 봉투 속에 있던 별 사탕을, 어머니는 아버지가 받아오는 밀가루보다 아버지가 벌어오는 누런 월급봉투를 그렇게 하염없이 기다리셨는지 모르겠다.

무너져 내리는 자존감을 뒤로하고

　사업을 하다 보니 재미가 생겼다. 돈도 많이 벌기 시작하고 가난에 찌들어 살던 시절, '아! 나도 초인종 있는 집에서 살아보고 싶다' 초인종 있는 집에서 사는 친구들을 그렇게 부러워했는데 50평대 아파트도 마련하고 나이 30대에 통장에 현금 2억이 넘게 있으니 교만함과 자만심이 생겨나기 시작했다.
　그 자만심은 독단적 성격으로 변하고 가족과 상의 없이 기고만장해져서 세상 물정 모르고 까불면서 무모한 사업 확장을 벌이게 되었다. 철저한 준비 없이 주관적인 감정으로 젊은 혈기에 벌인 사업은 몇 년을 버티지 못하였다.
　결국에는 점점 경제적으로 악순환의 삶 속에서 더 이상 견디지 못하고 신용불량자가 되고 말았다.
　갑작스럽게 신용불량자가 된 나는 빛이 보이지 않는 불 꺼진 캄캄한 어두운 터널 한가운데에 혼자 남겨진 채 주저앉아 버린 굶주리고 지친 영혼 그 자체였다.
　내 삶의 방향성은 갈 곳을 잃고 사업 부도로 인하여 경제적 문제의 악화를 가져와 행복했던 가정은 해체될 수밖에 없었다. 신용불량자라는 현실은 나 자신이 가지고 있던 직업을 통해서 유지할 수 있었던 사회적 지위와 사회적 관계망의 상실을 의미하는 것이었다. 내게 사회관계망 속에서 심리적 저하를 초래하였고 나의 갑작스러운 사업실패로 인한 신용불량자 신분은 가족들에게, 더 깊게는 사랑하는 와이프와 초등학생이던 두 딸에게 경제적 부담과 책임을 대신 떠안게 하여 경제적, 심리적 부담까지 떠안겨 주는 꼴이 되었다.[2]

한국 사회에서 신용불량자 가족을 위해서는 국가와 사회가 신용불량자 문제가 개인으로 국한되지 않고 사회적인 문제로 확대됨을 감안할 필요가 있다.

나에게는 이제 신용불량자는 새로운 이름이 붙었다. 나의 생활은 빈곤의 나락으로 떨어지게 되고 다시 사회로 재진입 할 수 있는 길이 보이지 않았다. 무조건 살아야 했다. 아니, 견디어 내어야만 했다. 죽고 싶어도 죽을 용기가 나지 않은 삶을. 그냥 서서 멍하니 하늘만 바라보면 두 눈은 어느덧 주체할 수 없는 눈물로 금방 충혈되고, 무엇을 하고 살아가야 하는지 넓은 사막에 홀로 남겨진 것처럼 가도 가도 출구가 보이지 않은 캄캄한 터널 속에 나 자신은 방황하고 있었다.

호주머니에는 동전 290원, 커피자판기에서 나오는 300원짜리 커피도 사 먹을 수가 없었다. 무더운 여름날 이정표 없이 이곳저곳 길을 걷다가 500원 하는 물을 사 먹을 돈조차 없을 때가 있었다. 길을 가다가 모르는 식당에 들러서 물을 얻어먹을 수밖에 없었다. 시간은 너무 빨리 흘러 눈을 감았다 뜨면 월말이 되어 아이들 교육비, 집안에 생활

---

2) 신준옥, 『장애인 활동 지원 서비스가 가족 부양 부담에 미치는 영향』, (경기: 성결대학교 대학원 박사학위논문, 2013.08), p.42

비, 월세, 기타 등등 나의 정신은 미쳐가고 있었고, 심리적으로는 불안과 조급함, 마음의 여유 자체가 머무를 공간은 거의 사라져 버리고 말았다. 결국, 나는 심각한 생활상의 어려움을 경험한 채, 빈곤에 대한 대처능력도 취약해져 심리적, 주관적으로 느끼는 고통이 증가하고 있었다.[3]

다른 측면에서 경제소득 감소로 인하여 결혼생활에서 부부 갈등은 계속 증대되었고, 부부 갈등은 부부 적응을 저하시켜 나도 경제적으로 어려움을 경험한 다른 부부들처럼 와이프와 대화는 이제 거의 단절되어 갔다.[4] 결국, 정서적으로도 아이들도 함께 깊은 상처를 받았고 우리 가족들은 더욱 우울해질 수밖에 없었다. 계속 우울해지다 보니, 무엇보다도 가정이 있음에도 불구하고 '쉴 곳이 없다'라는 생각이 나를 지배했다.

'쉴 곳이 없다'라는 말은, 나 자신의 내외부적으로 심리적 불안이 많아졌다는 것을 의미하기도 하였다. 그래서 나는 어느 외국의 학자가 주장했듯이 뉘엿뉘엿 해가 지고 어두운 밤이 되면 혼자가 되어 침울하게 지내기도 하고,[5] 내일에 대한 불안감에 가족들과 주위에 사람

---

3) 류정순, 『제12장 과중 채무자와 빈곤』, (서울: 한국사회의 신빈곤, 한국도시연구소 엮음, 한울 아카데미, 2006), p.20

4) 서미아, 『중년기 부부 갈등이 부부 적응에 미치는 영향』, (서울: 한국콘텐츠학회 논문지 14(2). 2014), p.24.

5) 오제은, 『중년, 위기인가? 전환점인가? 중년기 위기에 대한 통합적 접근: 인간발달에 대한 세 가지 주요 관점을 중심으로』, (서울: 한국 인문사회과학회, 2013). p.146

들에게 매우 민감하게 반응하며 쉽게 화를 내거나, 고독에 빠져 혼자 술을 취할 때까지 마시며 눈물이 마를 때까지 울기를 반복하며 살아간 세월이 10년이었다.

신용불량자가 되어 오는 경제적 소득 활동 저하로 우리 집은 이제 빈곤 가구가 되었다. 나이 30대에 50평이 넘는 6억 이상 아파트도, 많은 투자가 된 사업장도 모두 구름처럼 날아가 버렸다. 더 이상 우리 가정은 이 지역에서 살아갈 수 없었다. 무엇보다도 금방 소문이 나버려서 와이프는 가장 민감함 시기에 있는 아이들 걱정에 같은 지역에서 계속 살아갈 수 없다고 울부짖었다.

남에게 보이는 체면 유지 때문에 50평이 넘는 아파트에서 월세를 내며 살아갈 수도 없었지만, 더 큰 문제는 방 한 칸 얻을 수 있는 돈조차 없다는 것이었다. 와이프와의 싸움은 갈수록 더해졌고, 그 수위는 이미 이성적 경계선을 넘은 지 오래전 일이 되어버렸다.

가족의 경제적 지원의 어려움

　신용불량자가 되어 살아가는 동안에 나는 나 자신이 아무것도 할 수 없는 무능력자임을 알았을 때 '나는 그러면 안 되는데, 그러면 안 되는데' 하면서도 나를 낳아주신 부모님, 특히 아버지를 그렇게 많이 원망해 본 적이 없었다.

　먼저 언급했듯이 대학교 2학년, 군대를 제대하고 복학한 시기에 나중에 대학을 졸업하면 일본 유학을 가기로 마음먹고 열심히 어학연수부터 준비하고 있었던 1990년에서 1991년으로 바뀌어 가는 마지막 겨울, 어머니가 지금의 내 나이 즈음 되셨을 무렵, 뇌졸중으로 쓰러지시게 된다.

　학생이던 여동생과 나는 아무것도 할 수 없었다. 특히 경제적 활동 수입의 80%는 어머니께서 거의 이루고 계셨기에 아버지는 참으로 무기력한 존재였던 시기였다. 그런 아버지가 왜 이리 원망스러웠던지, 중환자실에 계신 어머님, 한 달 두 달 쌓여가는 병원비, 살던 집을 처분하고 나의 대학 생활의 이정표는 완전히 바뀌어 버렸다.

　정말 배우고 듣고 싶은 학과목을 수강 신청하는 것이 아닌, 하루하루 도서관에서 책을 보면서 연구하는 것이 아닌, 진로 문제로 노력해야 하는 것이 아닌, 친구들과 추억여행을 하기 위해 아르바이트해서 용돈을 모으는 것이 아닌…, 어머니를 살리고 우리 가족이 살아야 하는 생존의 삶을 살아가야만 했다.

학교는 오로지 졸업이 목적이 되었고, 밤늦도록 생활비를 마련할 수 있는 길을 찾아 이곳저곳 구직활동을 하면서 살아가야만 했다.

사랑하는 대학 동기인 지금의 와이프가 결혼을 통해 나를 살리고, 아이를 낳았지만 정상적이지 못한 어머님으로 인해 제대로 웃어보지 못하고 그렇게 세월이 흘렀다. 그리고 1997년 어머님께서 돌아가시고 아버님을 재혼시켜 드리고 살아 지내온 지 10년이 조금 넘은 시기에 나는 신용불량자가 되어 있었다. 그 때문이셨을까? 나의 아버지 또한 뇌출혈로 쓰러지셨고 사지 마비까지 오셨다. 그 후 오랜 시간을 아버지를 모시고 함께 생활해 주신 새 어머님께 나는 가슴으로 평생 '감사드립니다'를 고백하며 지금도 살아가고 있다.

그러나 신체적으로나 경제적으로나 내게 평생 아무런 도움이 못 되었던 나의 아버지, 정말 자살하고 죽고 싶을 때마다 나는 그 아버지가 생각이 나서 그저 눈물만 흘릴 뿐이었다.

2019년 새해가 밝은 1월 새 아침에 강진에 계신 새어머니에게서 어두운 소식의 전화가 내 핸드폰을 울렸다. '요즘 우리 친자식들이 너의 아버지를 모시고 가기를 바란다.' 새어머니 자녀들의 마음이 이해가 갔다.

본인들의 어머니가 몇 해 전 중풍으로 쓰러지셔서 정상적인 활동을 멈춘 지 오래되신 나의 아버지로 인해 고생하시는 모습을 더 이상 보기 아프다는 것이다.

나 또한, 절대 공감하는데 사람 마음이 참으로 간사하여 어머님께서 계속 아버지를 돌봐주시기를 바라고 있었다. 마음 한편에서 내게 아무런 도움도 못 주는 그 아버지를 마음속으로 정말 원망만 하고 있었기 때문이었다.

그 때문이었을까? 원망만 하던 아들의 마음을 아버지가 아니면 하늘에 계신 어머니가 알기나 하셨듯이 아버지는 그해 여름 돌아가셨다. 어머님과 함께 한 줌의 뜨거운 재가 되어버린 아버지를 품고 모셔드리러 가는 버스 안에서도 흐르지 않던 눈물이 돌아오는 버스 안에서 주르륵 흘러내렸다.

나도 딸만 둘이지만, 나의 와이프는 딸만 다섯인 집안에 넷째 딸이다. 우리 속담에 딸 가진 부모가 죄인 이랬던가? 참으로 우리 장인

어른과 장모님께 제대로 얼굴을 들 수가 없다. 곱게, 귀하게 키운 딸, 그 딸이 남편 잘못 만나 가난하게 사는 모습을 보니 얼마나 가슴이 찢어지시고 밤새 눈물로 보내셨을까? 그 긴 세월을 넷째만 생각하시면서…

집도 이제 경매로 넘어가는 시점에서 나는 더 이상 살아갈 용기가 나지 않았다. 30대 어린 나이에 대학교 때부터 가난을 극복하고 경제적으로 어려움 없이 살아보겠다고 너무 큰 욕심을 가졌던 것이 화근이었다. 몇십억이라는 큰돈들이 구름처럼 다 사라져 버렸다.

방 한 칸도 얻을 돈이 없을 때, 장인어른께서 아파트 월세를 얻을 수 있도록 보증금을 마련해 주셨다. 그때 그 귀한 도움이 없었다면 나는 이미 한 줌의 재가 되어 있었을 것이다.

지역사회에서 살아가기 위한 체면

　월세 이사를 결심하면서 무엇보다도 와이프와 싸워야 했다. 아이들이 학교에서 "너희 집 망했다며, 너희 집 이제 너희 집 아니라며", 그런 소리를 들을까 봐 이사해야 한단다.
　나는 미리 겁내어 현실도피를 하였는지도 모를 와이프와 너무 많은 싸움을 했지만, 더 이상 와이프와 대립할 수는 없었다. 이미 나 자신의 자존감은 무너져 있었고, 사업 부도로 인한 재산손실이라는 마음의 죄책감이 나를 짓누르고 있었기 때문이다.
　나는 괜찮은데 이 아이들이 정말 견디어 낼 수 있을까? 견디어 내야 하는데 와이프는 도저히 용납할 수 없다고 했다. 아이들에게 가난을 물려주는 것도, 아이들 사이에서 주눅들 것이 너무 슬프다고.

　나는 결심했다. 그래 가자, 차라리 아주 아무도 모르는 지역으로, 그 대신 나는 인천에서 계속 경제활동을 하도록 노력해 보기로 하고 우리는 주말 가족이 되어버렸다.
　이곳에 살면서 우리 가족이 서로 지역사회에서 고립되어 지지체계가 부족해질 수 있고 심리적, 신체적인 측면에서 부정적인 영향을 미칠 것을 우려해 이사한 것이다.

결정한 곳은 아무 연고, 지역성 없는 곳, 바로 대전이었다.

대전에 내려간 와이프는 아무런 경제활동을 하지 않았다. 아니, 대학교 졸업과 나와의 결혼 외에는 사회생활, 직장생활의 경험이 없었다. 갑작스러운 경제적 위기에 와이프 본인도 혼란스러워했다. 그리고 성격도 적극적인 성격이 되지 못해 이러지도 저러지도 못하고 심리적으로는 계속 위축되어 갔다.

사람이 한번 신용불량자가 된 이후 다시 그 이전만큼으로 회복되기란 하늘에서 별 따기처럼 어려운 일이었다. 와이프는 나를 지지하고 격려한다고는 했지만, 한편으로는 경제활동의 두려움을 갖는 자신에 대하여 심리적인 스트레스를 함께 앓고 생활하고 있었던 것 같다.

의존적으로 되어가고 기대만큼의 경제적 소득이 나를 통해 들어오지 못하자 와이프는 우울, 경제적, 심리적 불안, 다른 가족들과의 비교를 통한 수치심, 분노, 의욕 상실, 낮은 자존감으로 심리적 스트레스가 심화하여 수면장애, 등 건강상의 문제도 갖게 한 것 같다.

복지제도권 밖으로 내몰리는 신용불량자

　한국은 신용불량자가 된 사람들은 경제시장 재진입의 길이 보이지 않는 절망적 상황에서 공적 부조 제도권 밖에 방치되어 있다는 것이 가장 큰 문제이다.
　근로 능력이 있다는 이유로 이들의 생계 및 복지 문제에 대해서도 공적 부조 제도권 밖으로 방치하고 있는 것이다.
　신용불량자 문제는 단순히 복지 정책뿐만 아니라 어려움을 겪고 있는 신용불량자의 구제에 있다. 하지만 신용불량자에 대한 일방적인 경제적 사면 또는 부채탕감 조치는 채무자의 도덕적 해이를 야기할 수 있기에 신용사회의 바탕을 이루는 정책 방안을 강구하는 것이 우선 필요하다.
　신용불량자가 되어 살아간다는 것, 그것은 내게는 말 할 수 없는 큰 고통이었다. 나는 그 당시를 회상해 보면서 지금도 나와 같은 신용불량자의 삶을 살아가고 있는 이들을 위하여 정부에게 호소해 본다.
　무엇보다도 경제활동에 종사해야 할 인력이 신용불량자 위기에 몰리면서 경제활동 인구에서 이탈로 인한 경제적 손실은 사회적으로도 큰 손실이며 이들을 방치할 경우 사회, 경제적으로 지불해야 하는 또 다른 사회비용을 유발할 수밖에 없다는 점에서 시급히 그 대책이 요구됨을 인식하게 되었다.

한국 사회에서 신용불량자 문제를 해결하기 위한 것은 제도적인 측면이 강하다고 본다. 나 자신도 결국 사업을 하던 중 사업부도 후 도저히 감당할 수 없는 채무액에 대해서 개인파산을 신청하였다. 개인파산은 나처럼 나 자신의 모든 채무를 변제할 수 없는 상태에 빠진 경우에 그 채무의 정리를 위하여 스스로 파산신청을 하는 경우를 말한다(대한법률구조공단). 이 용어는 단독판사가 맡게 됨으로써 소비자파산이라는 용어 대신 개인파산이라는 용어를 사용하게 되었다.[6]

둘째 면책이란 개인인 파산자에 대하여 파산절차에 의하여 배당되지 아니한 잔여채무에 대하여 변제책임을 면하게 하는 것을 말한다.

셋째, 개인회생은 재정적 어려움으로 인해 파탄에 직면한 개인채무자의 채무를 법원이 강제로 재조정해 파산을 구제하는 제도이다(대한법률구조공단).

넷째, 채무자 구제제도는 개인채무자 구제제도는 私的 제도와 법원에 의해 운영되는 公的 제도로 구분된다. 公的 구제제도로는 통합 도산법에 따라 법원에 의해 운영되는 개인회생과 개인파산제도다.

본인도 개인파산을 통해 혜택을 받아 갱생의 기회가 되어 신용회복에 도움이 되었다. 하지만 채권자들에게는 자신의 채권행사도 못 하고 채무자들의 남용이나 악용이 우려된다. 나도 도저히 변제할 능력이 없어 개인파산을 신청하였는데 나를 통하여 채권자 한 분이 2천만

---

[6] 개인워크아웃, 개인회생 등 국내 개인채무자 구제제도는 2000년대 초반 신용카드 사태 등에 따른 신용불량자 급증에 대처하기 위해 도입되었다.

원의 본인 돈을 받지 못하자 개인파산 통지서를 3번 수령 거부하는 모습도 지켜보았기 때문이다.

하지만 개인채무자를 위한 제도 보다 더 큰 문제는 우리나라는 금융권 대출 신용상담 이후 금융상담 없이 지내다가 금융 연체된 이후 신용상담이 이루어지는 상황이다.

본인의 경험에 의하면 소비자 신용에 관한 상담 경험이나 상담 요구의 빈도가 매우 낮으며, 그 대상이 비전문가인 가족에게 집중되어 있었다. 자신이 거래 중인 은행이나 그 밖의 금융기관과의 상담 수준도 낮았으므로 이 기관 외에도 소비자 신용 문제를 상담해 주는 전문가가 필요했다. 이 때문에 사회에서 부정적으로 인식하고 있는 채무자의 도덕적 해이와 개인파산 남용을 미연에 방지하고 사적 채무조정을 활성화하기 위해서는 적극적인 재무 및 신용상담을 수행하는 신용상담기구 설립하여 신용상담을 의무화해야 할 것이다.

채무자를 위한 상담제도에 대해서 한국의 대표적인 상담 기관은 신용회복 위원회인데 이 기관은 채무자의 채무를 받아들이기 위한 금융위원회 등, 채권자들에 의해 운영되는 기관이라는 한계가 있어서 중립적인 입장에서 상담 교육 및 법률서비스를 지원해 주지 못하고 있다.

예기치 못한 사정으로 지급 불능상태에 빠진 채무자, 과도한 부채에 의존하여 사업을 추진한 자영업자, 고금리 사채를 사용한 자, 자신의 수입을 고려하지 않고 과도한 소비를 한 경우, 거액의 보증을 서준 경우에 해당하는 채무자를 위한 경제적으로 자립하는 데 도움을 주는 상담 지원이 미흡한 실정이었다.

박사학위 논문 문헌을 연구하다 보니 신용불량자 제도가 언제 어떻게 생겨나서 지금까지 적용되고 있는가를 조사하게 되었다.

즉, 신용불량자 문제가 심각한 수준임을 확인한 정부는 신용불량자 문제해결을 위한 대책으로 2002년 6월 개별 금융기관의 신용 회복지원 프로그램, 2002년 10월 개인 워크아웃제도, 2003년 10월 다중 채무자 공동채권 추심프로그램, 2004년 3월 베드뱅크, 2005년 3월 생계형 금융채무 불이행자에 대한 신용회복 지원방안 등을 시행해 왔다. 이외에 공적 신용회복 지원제도로 1962년 1월부터 시행된 개인 파산제도와 더불어 2004년 9월부터 시행된 개인회생제도를 마련하였다. 그러나 이 대책들은 모두 변제능력이 있는 사람들을 대상으로 하고 있을 뿐이다. 이러한 제도적 혜택을 받고 신용회복이 되었더라도 정부의 신용불량자를 위한 실질적인 경제적 자립 지원제도가 미흡하여 다시 신용불량자가 되는 현상이 계속되고 있었다.

금융감독원 국정감사 자료에 의하면 2001년 04월 신용불량 기록이 삭제된 153만 5,760명 가운데 2002년 07월까지 9만 6,781명이 다시 신용불량자가 되었다.[7]

前 새 정치 민주연합 신학용 의원이 2014년 06월 22일 금융위원회로부터 받은 국민행복기금 추진현황 자료에서도 2014년 5월 말 기준 국민행복기금을 통해 채무조정을 받은 18만 명 중 29,000명이 채무를 완제했지만 채무조정을 받고도 1개월 이상 연체해 다시 신용불량자가 된 사람은 12,000명에 달했다. 즉, 한번 신용등급이 추락해 신용

---

7) 배미경, "신용불량자의 현황분석 및 증가요인에 따른 정책제언", 2004.02, p.108

불량자가 되면 좀처럼 빚의 악순환에서 헤어나기 어렵다는 것이 통계로 드러난 것이다.

2014년 발표된 『서울시 악성 채무 가구의 재무구조 실태 및 새 출발 지원정책 방안』에서도 채무조정 절차를 통한 신용회복 성공률이 낮은바, 맞춤형 채무조정 중심의 지원이 절실하며 향후 신용불량 가능성이 높은 가구는 응답자 중 45%로 조사되었다.

한편 과거에 신용불량 기록을 보유한 16명 가운데 6명만이 신용회복 절차를 시도하였고 그중 2명만이 신용회복에 성공하였다. 이는 신용회복 절차의 이용 접근성이 떨어지고 이용 후에도 신용회복 성공률이 낮아 채무조정 절차의 문턱을 낮춰야 할 필요성이 크다는 점을 시사한다.[8] 이처럼 신용불량자 문제에서는 문제 발생 전(前)이나 문제가 만성화되기 전에 개입하는 것이 효과적이라 할 수 있다.

자본주의가 발달한 선진국들은 경제시장에서 퇴출당한 근로 능력이 있는 신용불량자 일지라도 공적 부조체계 내에서 최소한의 인간다운 생활을 보장하며 그들을 다시 경제시장으로 진입시키기 위한 길을 열어놓아야 하겠다.

그러나 한국은 신용불량자가 된 사람들은 경제시장 재진입의 길도 보이지 않는 절망적 상황에서 공적 부조 제도권 밖에 방치되어 있다는 것이 가장 큰 문제이다. 즉, 근로 능력이 있다는 이유로 이들의 생계 및 복지 문제에 대해서도 공적 부조 제도권 밖으로 방치하고 있는

---

8) 제윤경, "서울시 악성 채무 가구의 재무구조 실태 및 새 출발 지원정책 방안" 서울연구원, 정책리포트 157, 2013.12, p.22

것이다. 경제활동에 종사해야 할 인력이 신용불량자 위기에 몰리면서 경제활동 인구에서 이탈로 인한 경제적 손실은 사회적으로도 큰 손실이다. 또한, 이들을 방치할 경우 사회, 경제적으로 지불해야 하는 또 다른 사회비용을 유발할 수밖에 없다는 점에서 시급히 대책이 요구된다. 그러나 현재 극 빈곤층에 대해서는 국민기초생활 보장법을 기초로 취로사업, 의료지원, 자활사업들을 적극적으로 추진하고 있지만 갑작스럽게 신용불량자가 되어 극빈층으로 전락하는 이들을 국가가 안정된 최저생활을 보장하기 위한 정책은 강구하지 못하고 있는 현실이다.

신용불량자 문제를 법과 제도란 테두리에서 채무상환 측면에만 관심을 가진바, 이 문제를 개선하지 않을 경우 신용불량자 문제는 우리 사회를 경제, 생활, 문화적으로 계층을 분리시키고 빈곤층과 비 빈곤층 사이의 깊은 대립 현상의 사회문제를 낳을 수 있다.

본인도 신용불량으로 가족이 해체되고 노숙자가 될 뻔도 있는 현실에서 이들을 위한 안정된 주거와 자활을 돕고자 하는 사회복지정책 프로그램이 마련되어 있지 않았으며 신용불량자를 위한 법, 제도, 정책 결정 과정에도 사회복지 전문가 개입이 전무하였다.

따라서 신용불량자들이 일반인에 비해서 구직활동에 어려움을 겪으면서 자신이 신용불량자가 되어 가족에게 불행한 기억을 주었다는 것에 죄책감을 느끼며, 가족의 삶에서 가정사가 나타나지 않도록 구직활동과 신용회복을 위해 노력할 수 있는 정부의 신용불량자를 위한 프로그램이 필요하다.

우리 사회가 바라보는 신용불량자

한국의 신용불량자 문제를 다루는 데 있어 우선, 신용이란 미래의 어느 한 시점에 그 대가를 지불하기로 약속하고 현재의 가치를 얻어 내는 개인의 능력이다. 그런데 나를 포함한 신용불량자는 이러한 신용이라는 가치를 획득할 수 없는 사람을 말한다.

신용의 일반적 개념은 금융기관 등에서 신뢰를 얻지 못하여 신용제공을 받을 수 없는 상태에 있는 사람을 뜻한다.

법 제도적 개념에서 신용불량자의 개념은 "금융거래 등 상거래에서 발생한 대금 또는 대출금 등의 채무에 대하여 정당한 사유 없이 약정된 기일 안에 변제를 이행하지 아니한 자"로 정의하고 있다.[9]

신용불량자란 연체, 부도, 또는 신용 질서 문란행위 등의 신용불량자로 전국은행연합회에 등록된 사람을 말한다.[10] 한국에서 현재 30만 원 이상 채무를 90일 이상 연체하면 신용불량자로 등록되는데 선진국 가운데 이처럼 법으로 신용불량자 제도를 운용하고 있는 나라는

---

9) 김옥숙, 『우리나라 개인 신용회복 지원제도의 현황 및 발전방향』, (서울: 단국대학교 산업경영대학원, 경영학과, 2003.), p.4.

10) 두산백과사전,

거의 없으며, 대부분 금융회사가 자율적으로 운용하고 있다.[11]

   심각한 문제는 신용불량자와 같이 환경적 위험에 노출된 위험요인들로 인해 행동적·심리적 문제를 경험할 가능성이 높아, 적절한 사회서비스 개입이 필요하다. 즉, 위기의 신용불량자들을 위한 적절한 지원 서비스 방안 모색을 위해서는 심리·사회적 요인에 대한 구체적인 이해가 필요하다. 이는 사회적 위축, 충동성 및 주의력 결핍, 자살 시도 및 자해, 가출, 음주, 흡연, 범죄, 정신질환, 우울과 불안으로 인한 대인관계 기피, 등의 부정적 행동을 일으킬 수 있는 개인적 요인이 있기 때문이다.

   나도 신용불량자가 되어 나 자신이 감당하기 어려운 상황이 오면 이를 극복하지 못하고 자살 시도 같은 극단적 행동, 사회 부적응을 겪기도 하였다.

   자기답게 세상을 사는 사람, 자기 자신의 생각을 활용하는 것을 두려워하지 않으며, 다른 사람의 의견을 경청하고 이를 평가하며 본인을 위한 올바른 판단으로 결론을 내리고 자신의 삶에 대하여 책임을 지며 환경에 어울리는 행동으로서 스스로를 적응시키는 힘을 갖도록[12] 도와야 할 것이다.

---

11) 임웅순, 『우리나라 신용불량자의 현황과 효율적 구제방안』, (천안: 호서대학교 대학원, 2003), p.10

12) 임종렬, 『관계적 사유』, (서울: 한국가족복지연구소, 1999), p.16-20

신용불량자가 된 원인은 무엇인가?

　내가 신용불량자가 된 원인은 사업부도이지만 또 다른 신용불량자들의 신용불량의 원인을 자료를 통해 찾아보면 개인의 금융권 채무와 신용카드의 연체가 원인으로 맞벌이, 자영업 가계의 경우, 카드 연체를 경험할 가능성이 크다.[13] 또한, 예상하지 못했던 사건으로 인한 지출이 발생하거나 갑작스러운 의료비 지출, 실직, 이혼 등으로 경제적 위기가 와서 신용불량이 발생한다.[14]

　둘째, 한국에서 파산제도가 남용되고 있는데 힘들게 빚을 갚으려 노력하기보다는 고의로 3개월 이상 연체하여 프리워크아웃을 신청하는 사람들의 비중이 높아지고 있다. 그 이유는 빚을 갚을 수 있는 능력이 있는 채무자가 일단 버텨 보려는 도덕적 해이가 퍼져 채무상환 의지를 약화하기 때문이다.[15] 이는 채무의 의무를 회피하기 위해서 개인재산을 은닉한 채 개인파산 신청을 통해 면책 결정을 받아내려

---

13) 이은영, 허은정, 『부채 가계의 연체 행동 및 관련 요인 분석』, (서울: 소비자학 연구, 16(1) 2005), p. 181.

14) 최정식, 『개인파산 및 회생제도와 도덕적 해이』, (서울: 법률칼럼, 법무법인 청솔. 2007), p. 102.

15) 강호석, 정혜리, 『개인채무자 구제제도 현황』, (서울: 한국은행) p.2

는 것이다.

셋째, 연대보증제도로서 외환위기 이후 타인의 대출에 대해 보증을 섰던 사람들이 연대하여 파산을 당하는 사태가 속출하면서 그 문제가 심각하게 제기되었다. 이후, 박근혜 정부는 1997년부터 2001년 도산한 중소기업에 연대보증인을 섰던 채무자를 구제하기 위한 제1, 2금융권의 연대보증 제도를 2012년 5월 폐지하였으며, 캐피탈회사 등의 연대보증 제도는 2014년 5월 폐지했다.[16]

채무 한도는 연대보증금액 기준으로 10억 원 이하이며, 연대보증금 원금을 보증인 수로 나눈 뒤 40~70%를 감면해 주기로 한 것인데, 그 대상자는 은행연합회에 남아 있는 연체기록도 일괄 삭제하기로 하였다. 이 사면으로 외환위기 사태로 연대보증 신용불량자가 된 사람들은 처음으로 채무조정을 받게 되었고, 연체기록도 사라지게 되었다.

사업실패로 채무자가 되는 것은 개인의 책임이지만 가까운 지인 친척 보증을 서준 대가로 뜻하지 않게 재산을 잃고 신용불량자가 되어 가슴에 한이 맺힌 사람들을 그동안 주변에서 자주 볼 수 있었다. 보증을 서준 것은 잘못이지만, 한국인의 정서상 가까운 지인, 친인척의 부탁을 외면할 수 없는 것이 현실로서 이번 일로 연대보증인 신용불량자 구제 채무자 사면은 잘된 일이다. 반면에 일반적 개인 신용불량자의 신용회복을 위해 정부는 각종 지원방안을 내놓고 있지만, 현실에서 느끼는 고통과 불만은 해결하지 못하고 있다.

---

16) 법무법인, 리앤리파트너즈. 2014년 10월 22일자.

넷째, 무분별한 창업으로 삼성경제연구소(2012) 조사는 생계형 자영업자들은 재무적 자원 등 경영역량을 충분히 확보하지 못한 상황에서 사업을 시작하여 사업실패와 과다 부채 등으로 유사한 상업영역에서 폐업과 재창업을 반복한다고 보고하고 있다.

다섯째, 학자금 대출이다. 우리 사회에서 20대 청년 신용불량자가 늘고 있다는 기사를 자주 보게 된다. 값비싼 대학등록금 대출과 청년 취업난 등 많은 원인이 이에 작용하고 있지만 이에 더해 '20대 청년들의 경제 관념 부족' 또한 청년 신용불량의 큰 요인으로 작용하고 있다. 20대 청년들이 자신들의 소비행태를 정확히 알지 못한다는 것이다. 시중은행들이 20대 청년들을 상대로 새로운 금융상품을 꾸준히 만들어내는 것에 반해 청년들은 이를 사용하는 데 그쳐 종합적인 이해가 부족하다는 것이 문제다. 또한, 스마트폰에 익숙한 20대 젊은 층이 우편으로 날아오는 고지를 제대로 인지하지 않는 것도 이에 한 몫을 더한다. 또한, 최근 3년 사이 학자금 대출 연체로 신용불량자가 된 학생이 6배나 증가했다는 지적이 제기됐다.

前 민주당 박주선 의원이 국회 입법 조사처에 의뢰, 분석해 발표한 '대학등록금 관련 주요 현황과 개선 방향' 보고서에 따르면 학자금 대출액을 갚지 못해 신용불량자로 등록된 학생은 2만 5,366명으로, 2007년 말(3,785명)과 비교해 6.75배 늘었다. 같은 기간 학자금 대출 연체액은 1,266억 원에서 3,046억 원으로 2.4배 증가했다.

학자금 대출에 따른 연체액, 신용불량자가 급증한 데는 10%에 달하는 청년실업과 34만여 명에 달하는 대졸 실업대란, 고등교육 재정에 대한 낮은 국가 부담, 물가상승률을 넘어 천정부지로 오르는 대학 등록금이 원인이라고 보고서는 분석했다.

학자금 대출 연체로 인한 신용불량자 등록을 졸업 후 2년 후까지 유예해주는 '신용 유의정보 등록유예제도'를 이용한 학생은 정작 총 1,237명에 불과, 전체 신용불량자 대비 4.87% 수준인 것으로 나타났다. 또 현역 사병으로 복무 중인 학생의 대출이자를 유예해주는 '현역 사병 이자 유예제도'를 신청한 학생은 총 9,373명이다. 이들은 제대 이후 3년 내 복무기간에 유예받은 이자와 새로 발생하는 이자를 상환해야 한다. 박 의원은 "신용 유의정보 등록 유예제도를 제대로 운영하지 못함으로써 정부가 신용불량자 양산을 사실상 방치하고 있다"라며 비판한 데 이어 "현역 사병으로 입대한 경우 이자를 내지 못해 유예신청을 한 학생들이 9,000명이 넘는다. 국가를 위해 군 복무 중인 대학생들의 이자는 면제하는 등 제도개선이 필요하다"라고 주장했다.

2015년 07월 29일 동아일보 취재팀이 국가 장학사업과 학자금 대출을 총괄하는 한국장학재단에 정보공개를 요청해 받은 자료에 따르면 대학, 대학원생의 학자금 대출 잔액은 2010년 말 9조739억 원에서 지난달 말 12조3149억 원으로 35.7%나 늘었다. 같은 기간 대출 이용자도 151만 명에서 182만4300명으로 불어났고 1인 평균 대출액은 601만 원에서 675만 원으로 12.3% 뛰었다. 문제는 경기 악화와 청년 취업난 심화로 빚을 갚지 못하는 이들이 늘고 있다는 점이다.

취업 후 소득이 생기면 돈을 갚기로 되어 있는 '든든학자금'을 국세청에 따르면 졸업 후 3년이 지나도록 원리금의 5%도 갚지 못한 장기 미상 환자는 2013년 말 1,000명에서 2014년 말 1만3,000명으로 급증했다는 것이다.

국세청과 한국장학재단에 따르면 지난 2015년 5월 기준으로 든든학자금 대출자들은 총 92만4천500명으로, 이 중 2014년 귀속 근로소득자는 31만3,200명으로 집계되었다. 이들 가운데 2013년 4인 가구 연간 최저생계비인 1,856만 원 이상의 연봉을 받은 이들은 28.2%인 8만8500명에 불과했다. 대학 재학 시 학자금 대출을 받은 근로소득자 10명 중 7명은 취업을 하더라도 학자금 대출을 갚지 못할 정도의 급여를 받는 것이다.

신용회복위원회(2015.08.03)에 따르면 '돈을 빌렸다가 빚을 못 갚아 2분기 개인워크아웃을 신청한 1만9,000명 가운데 절반 이상인 55.8%(1만583명)가 2,000만 원의 빚을 이겨내지 못했으며 같은 기간 20대 워크아웃 신청자는 모두 2,000명이며, 이는 전체 개인워크아웃 신청자 중 13%를 차지한다.'라고 발표했다. 문제는 위와 같은 조사 결과처럼 연체자가 급증하고 있다는 것이며 그 배경에는 최근의 심각한 청년 취업난이 문제라고 본다. 이에 정부의 새로운 청년 일자리 고용정책이 빨리 자리 잡길 희망한다.

여섯째는 도박과 사치이다. 채무가 늘어난 사유로는 생활비(2,214명, 25%)와 사업자금(2,809명, 31.7%)이 전체의 절반을 차지한 가운데 보증채무(1,120명, 12.6%) 의료비(835명, 9.4%) 주택구매(216

명, 2.4%) 교육비(437명, 4.9%) 순이었다. 도박·사치·낭비 등 이른바 '도덕적 해이'로 빚이 늘어난 경우는 129명(1.5%)에 그쳤다. (2003.10.27-월간경실련 기고문 인용)

  일곱 번째는 휴대폰 요금 연체이다. 휴대전화 요금 연체로 인한 신용불량자 등록으로 신용카드와 마찬가지로 길거리에서 경품까지 제공하면서 경제력도 없는 청소년들에게 마구잡이로 휴대전화를 발급한 통신 회사 책임으로 인한 신용불량자의 원인이 있다.[17]

  신용불량자 문제는 자본주의 경제 시스템에서 어떠한 형태로든 일정 부분 존재할 수밖에 없는 만큼 이를 시장기능이나 법적 절차를 통해 해결할 수 있도록 전반적인 틀을 갖출 필요가 있다.

  향후에도 단순한 '신용불량자 숫자 줄이기'식의 접근 방법보다는 신용불량자 상태에 대한 시장과 올바른 법적 체제의 시스템적 접근이 가능하도록 여건을 조성해 나갈 필요가 있다. 특히 개인워크아웃 제도의 정착과 안정화를 위해 개인워크아웃의 대상자를 연체자 혹은 잠재 신용불량자로까지 확대하고, 미래 재정설계 및 신용교육 등 다양한 신용관리자문(credit counselling) 서비스를 제공하는 등 신용회복위원회의 역할 확대 및 강화를 유도할 필요가 있다.

  현재 신용회복위원회는 주로 채무 재조정 업무에 집중하고 있으며 잠재적 신용불량자에 대한 지원프로그램은 미약한 실정이다. 따라서 신용교육, 부채조정 등 예방적 서비스의 비중을 점진적으로 확대하고

---

17) 김욱숙, op. cit, p.4

상담 인력의 전문성 및 신뢰성 제고를 위해 신용회복지원 상담을 전문으로 하는 신용상담사 전문자격 제도를 도입할 필요가 있다. 또한, 각종 신용회복 지원제도들 특히 사적 조정과 법적 조정 간의 유기적인 연계가 매우 중요할 것으로 판단된다. 개인회생제도 신청 전에 개인워크아웃 등 사적 조정제도를 통한 채무 재조정 및 변제 노력을 충분히 시도하였는가를 확인할 수 있는 장치를 마련하고 이를 법원의 판단에 반영하는 방안을 고려할 필요가 있다.

한국 사회에서 신용불량자의 규모는 빠른 속도로 증가하고 있는 상황으로 2003년 7월 말 현재 전국은행연합회에서 관리하는 신용불량자는 335만 명이다.

2013년 10월 17일 국회 정무위원회 김기준 의원이 금융감독원으로부터 제출받은 자료에 따르면 채무 불이행자 신규 등록 인원은 2010년 말 25만 7,647명에서 2011년 말 30만 5,301명, 2012년 말에는 36만 7,808명으로 증가했다.

저축은행의 채무 불이행자 비율은 매년 감소추세에 있으며, 100만 원 이하의 소액연체 비율도 2008년 7.3%에서 2012년 7.5%대로 비슷한 경향을 보인다. 보험사의 채무 불이행자는 2008년 57만 992명에서 2012년 말 26만 9,182명으로 감소했고, 100만 원 이하 소액연체 비율도 44.6%를 유지하고 있는 것으로 나타났다.

2012년 말 기준 각 업 권별로 100만 원 이하 소액연체 비율을 분석한 결과 보험사 연체에 따른 신용불량자 비율이 12만 61명으로

44.6%를 차지하는 등 가장 높게 나타났으며, 카드사가 9만 1,151명으로 19.5%이다. 학자금 연체 관련 채무 불이행자도 증가 추세다.

 2008년 12월 말 1만 6,547명에서 2013년 7월 말 기준 4만 7,369명으로 4년 7개월간 3만822명이 증가했다. 전체 채무 불이행자 중 학자금 연체에 따른 비율도 2008년 0.7%에서 2013년 6월 말 기준 3.9%로 급증하고 있는 것으로 나타났다.[18]

---

18) 인터넷 토마토 뉴스, 2013

신용불량자가 되어 경험한 어려움

사업이 부도나고 나는 실직으로 인한 경제적 수입원이 감소하여 가정생활에 영향을 미치고, 월세 집을 이곳저곳 옮겨 다니며 더 낮은 생활 수준의 생활 경험을 시작했다.

채권자들의 채무를 갚기 위해 위기로 집을 팔아야 했고, 경제적으로 어려운 상황이 언제까지 계속될 것인지 예측이 어려워 가족의 경제적 기반이 흔들리고, 전체적인 소득-소비지출-자산상태 등이 하락하는 부정적 변화를 나타내기 시작했다.[19]

1주일에 한 번 대전으로 내려가 아이들과 와이프 얼굴 보고 바로 그다음 날 아침이면 인천으로 다시 올라와야만 했다.

둘째 아이 운동회를 한 번도 가보지 못했다. 이 일은 지금껏 우리 둘째 아이가 서운해하는 부분이지만 돌이켜 보면 빈번한 이사로 아이들이 친구를 사귀는 데 큰 어려움을 겪을 수밖에 없었다. 나는 일용직 직원으로 일을 하고 있었기 때문에 하루 이틀 쉬게 되면 일용직을 잃기 쉽기 때문이었다. 한국이 처한 장기화하고 있는 경제 위기를 가족의 관점에서 볼 때, 위기에 직면한 내 가족의 취약화, 불안정한 고

---

19) 송혜림, 성미애, 박정윤, 진미정,『HEALTH AND WELFARE POLICY FORUM』, (서울: 한국보건 사회연구원, 보건복지포럼. 2009), p.53-65

용시장 상황은 더욱 늘어날 것이며, 중년층이 된 나 자신을 돌이켜 보면 이 경제적 위기를 극복할 가능성은 적기 때문에 국가가 감당해야 할 책임이 증가할 것이다.

　나 자신이 중산층 계층에서 빈곤층으로 추락한 이후에 원래의 삶을 회복하기란 무척 어려운 현실이었다. 신용불량자라는 신분은 나에게는 가족들 특히, 와이프와의 갈등과 불화 등 가족관계 악화에 영향을 미쳤다. 특히 가정의 책임을 지는 가장으로서 내가 젊은 시절 꿈꾸던 목표와 당면한 현실 속의 괴리감으로 미래에 대해 불안해했다.

　한국 사회에서 중년기 남성들에게 기대하는 것은 우리 사회에서 어느 정도 사회적 성공과 경제적 안정을 이루고 살아가는 모습이다. 그러나 실제로는 많은 중년기 남성들이 자신에게 부여된 가족 및 사회적 의무감에 커다란 부담감을 느끼며 살아가는 것 같다.

　신용불량자가 된 이후 나의 가구소득은 감소하고 가족의 경제적 및 정신적 어려움을 일으키며, 나와 우리 가족들을 둘러싼 처갓집 가족들과 친인척에게까지 영향을 주게 되었다. 이는 나 자신의 상태가 가족 전체에 영향을 주게 되어 가족은 구성원들 간, 사회와의 유기적으로 상호작용하기 때문이다. 이러한 경제적 위기가 내 가족 문제를 일으키고 위기상황을 유발하는 것은 개별 가족의 선택이기보다는 사회변화로 인해서 불가피하게 겪어야 하는 비 선택적인 상황이기에 가족 내에서 빚어지는 각종 문제 역시 사적 영역으로서 가족 내부의 노력으로 해결하는 데 한계를 갖게 된다.

나는 신용불량자가 된 이후 빈곤층이 되었고, 또 다른 차상위 계층은 정부의 지원 대상임에도 불구하고 빈곤에서 빠져나오기가 힘든 구조 속에 놓여 있다. 국민기초생활보장제도에 따라 정부의 지원은 수급권자/차상위 계층에 집중되어 있어 그 사회적 비용 지출은 매우 많다. 정부가 지출하는 비용은 매우 막대하지만, 일단 빈곤층이 된 가정이 다시 일반 가정, 중산층 가정이 될 가능성은 그리 크지 않다. 장기화하는 경제 위기는 빈곤층, 차상위 계층의 삶을 더 악화시키고 있으며 미래의 희망을 담보할 수 없는 악순환이 계속되고 있다.

신용불량자가 되어 겪는 경제 위기는 또 다른 측면에서 위기 직면 가족을 양산하게 된다. 위기 직면 가족은 현재와 같은 경제적 위기 상황에서 기초생활 보장 수급자 혹은 경제적으로 회복 불가능한 집단으로 전환되기 직전의 가족을 지칭하는 말로써 국가의 지원 대상이 되지 못하면서 일상생활이 최소한도로 이루어지는 일반 가정이나, 그 소득수준으로 보아 이들 가족이 특히 경제 위기로 인해 가계 문제에 큰 영향을 미치게 되고 이로써 차상위 계층, 빈곤층이 될 잠재적인 위기에 직면한 가족이다.

아무리 노력해도 눈에 띄게 큰 변화를 얻지 못한 나에게 경제적 위기는 불안정한 일자리와 소득감소로 연계되고 이로써 나는 소위 중산층이 서민층으로, 서민층이 극빈층으로 하향화되었다.

내가 만일 신용불량자가 되지 않았다면, 나의 가정은 그동안의 일상생활에서 여유로운 저축은 하지 못하더라도 자녀의 교육, 여가, 주택마련 등에 접하며 평균치에 가까운 일상적 가정생활을 유지해 왔을 가능성이 크다.

우리 가족은 갑작스러운 경제 위기로 인한 어려움에 대응할 적응력이 크지 않았고, 또한 포기해야 하는 삶의 질로 인해 발생하는 상대적 결핍감, 이웃 집단과의 괴리로 인한 박탈감 등의 문제에 직면하였다.

나는 우리 가족이 다시 정상적인 서민층으로 회복하기 위해 노력하였는데 그것은 내가 지금까지 살아오던 삶의 모든 패러다임이 변화되어야 가능한 일이었다.

즉 가정 문제, 자녀교육, 안정된 경제적 수입확보를 위한 나의 노력이 필요했지만, 국가정책도 신용불량자가 된 내 자녀의 연령과 내 가족 특성에 적합한 수요자 중심의 가족 돌봄 지원 체계 및 서비스 마련이 미흡하기만 했다. 이는 곧 최근 사회적 이슈로 드러나고 있는 근로자의 일-가정 양립과 관련하여 일하는 여성의 중단 없는 지속적 경제활동과 가정생활의 병행을 지원하는 일이며, 저출산 해결 및 국가 경쟁력 강화의 중요한 요소로 작용한다고 할 것이다.

본인은 신용불량자가 된 이후 이혼을 경험할 수도 있었다. 또한, 나는 정서적으로 상실감, 배신감, 분노감, 우울감, 좌절감, 실패감 등을 느끼기도 하였다. 정서적 혼란이 깊어지고 자살을 생각하거나 이혼, 은둔 등 심각한 문제를 마음먹기도 했다.[20]

신용불량자가 되어 가족해체를 경험한 우리 아이들은 와이프와 살아가는 한 부모 가정이 되고, 신용불량자가 된 이후 경제활동을 위해

---

20) 황은숙, 『모자가정과 부자가정의 고충 비교 연구』, (서울: 한부모 가정연구, 2(1). 2007). pp.1-20

일자리를 찾아 이곳저곳 떠돌면서 경제활동을 하다 보니 성장 과정에서 나의 부재로 아버지란 대상이 없어짐으로써 역할 동일시에 대한 학습 결핍 등이 발생할 수 있었다.

대전에서 아이들을 양육하던 와이프는 모자가정의 형태로 삶을 지속해 나가야만 했다. 와이프의 모습을 통해서 느낀 점은 모자가정 대부분의 모는 부양자로서 부의 역할을 해야 함은 물론 자녀에게 아버지 역할까지도 해야 한다는 긴장과 스트레스를 받는다는 것이다.

신용불량자 가정이 된 이후 나 자신이 정말 견디기 힘들었던 문제는 경제적인 문제로 그 고충이 더욱 크며, 이로 인해 우리 가정의 위기는 경제적 상황 악화로 인한 실직과 빈곤화로 일상생활을 영위하는 데 어려움을 겪게 되어 가족관계가 악화하여만 갔다는 것이다. 특이한 것은 경제적 어려움의 가중 등으로 와이프가 구직활동을 시작하여야 했는데 와이프는 두 딸을 안정적으로 양육할 수 있는 제도가 미흡함으로 인해서 일과 가정, 자녀 돌봄의 이중부담을 갖고 있어서 구직활동을 꺼렸다.

구직활동을 하기를 바라는 나의 마음은 와이프와의 부부 갈등을 심화시켰으며 두 자녀의 건강한 성장을 방해하였다.

나에게 사회 전반의 불안정성은 미래에 대한 불확실성으로 이어졌으며 50살이 넘은 지금, 두 딸은 집안에 경제적 문제로 결혼을 기피하고 있다. 그럴 뿐만 아니라 아이들의 심리적 문제, 우리 집안을 두고 경제적 어려움에 대한 걱정들을 하는 처갓집 식구들과 가족관계상의 문제, 아이들 대학등록금, 용돈 등 복합적인 문제들이 나타나고 있음에도 불구하고 현재의 경제 위기에 대한 가족 지원책은 IMF 경제 위기 당시와 큰 변화 없이 물질적 긴급지원이나 위기가정 긴급지원에 치우치고 있다고 할 수 있다.

가장 큰 문제는 가족이 자립적으로 위기 극복을 할 수 있는 역량을 강화할 수 있는 장치들이 매우 미미하다는 것이다.

만약 정부가 신용불량자를 위한 정책을 실시하려고 한다면 이미 중산층에서 빈곤계층으로 전락한 뒤 위기에 처한 가정의 역량 강화를 위한 사후 개입적 정책은 가족의 탄력성 즉, 자립능력이 저하되지 않는 범위 내에서 실시되어야 할 것이다.

현재 국내의 경제 위기 상황을 고려할 때 경제 위기에 처한 실직가정이나 중산층 가정 지원 서비스는 경제 위기 발생 시 상시로 이용할 수 있도록 정착되어야 할 것이며, 충분히 자활할 수 있는 기간이 보장되어야 할 것이다.

지원 서비스 내용 역시 일시적이고 물질적인 지원에 국한되지 않고 장기적으로 경제 위기에서 가족이 견딜 수 있는 서비스나 프로그램을 개발하여 실시하는 것이 필요하다. 이를 통해 가족 개인의 심리·정서적 역량과 가족관계를 강화할 수 있는 다양한 지원제도들이 마련되어 실시되어야 할 것이다. 즉, 다양한 예방 교육 및 상담이 생애주기별 혹은 가족별로 지원될 수 있도록 하여야 할 것이다.

중년기 이후 경제적 어려움을 겪어 갑작스럽게 신용불량자기 된다면 이들을 위한 지원인 통합적 체계를 구비하여 그 부양가족을 지원하는 노력이 필요할 것이다. 즉, 경제 위기로 상대적으로 일할 수 있는 기대를 더 갖지 못하게 될 수 있으므로 자립적으로 경제생활을 할 수 있도록 조치하는 방편이 고려되어야 한다.

가족해체로 인해 위기 가족으로의 전락률이 증가하거나 더 큰 어려움 혹은 위기를 겪을 것으로 예측되는 가족 유형이 신용불량자 가정이다. 신용불량자 경험이 있는 본인이 생각하는 정부 지원정책으로는 우선, 사회적 지원 강화와 네트워크 구축 및 사회적 인식 개선을 위한 각종 프로그램이 필요하다.

한국의 신용불량자 대상 프로그램은 매우 낮은 수준이며, 정서·사회적 지원프로그램도 욕구에 맞춤식으로 대응하도록 세분화 될 필요성이 제기되고 있다. 일상생활에서 발생하는 문제를 예방하고 해결하기 위한 지원들이 이루어지고 있으나 이들이 겪을 수 있는 어려움은 경제 위기가 가중되었을 때 더 심화하거나 확대될 가능성이 크다. 그럼에도 불구하고 국내 정책의 경우 동일한 수준의 지원 대책만을 반복적으로 제시하고 있는 경향이 높다. 특히 경제적 위기 하의 신용불량자 가정은 현재 그들이 경험하는 어려움이 가중될 수 있으므로 이를 예방하는 통합적 지원책이 마련되어야 한다.

현재의 이 신용불량자 가족에게는 경제적 위기로 인한 상황 악화에 대비하기 위한 가족 탄력성 강화교육을 보다 확대 실시하고, 경제적인 지원을 확대할 필요가 있다. 또한, 신용불량자가 된 발생 과정에 따른 문제가 상이함으로 그에 대한 접근방식 역시 차별화하는 것이 필요하다. 그러나 현재 신용불량자 가정의 지원정책이나 서비스는 특정 서비스에 제한될 뿐만 아니라 대상자별 특성을 고려하지 못하고 있다.

지금 한국의 가정은 다양한 변화와 위험 속에 속수무책으로 노출되어 있고, 위험에 대한 부담과 위기 극복은 가정에서 가져가야 할 부담으로 남겨지고 있는 것 같다. 많은 부분이 환경적 변화에 따라서 그 기능이 축소 또는 전환되기도 하였으며, 일부의 기능은 더 강화되기를 기대받고 있다. 특히 경제 위기라는 암초는 가정이 사회적 문제에 대응하는 힘으로 여겨지며 이는 가족들의 결속력, 응집력, 헌신이나 유대를 기대하게 된다. 그러면서 우리는 가족에게 과거와는 다른 측면에서의 기능을 기대하면서 과부하를 야기하게 되고 결국 가족원들은 가족 피로감이 누적되는 상황에 부닥치고 있으며 가족은 더 이상 스스로 자생하여 제 기능을 하는 데 제동이 걸리고 만다.

가정은 자신들의 노력만으로 건강하고 행복한 가정생활을 영위하는 것에는 한계가 있다. 따라서 우리 사회는 개별 가정이 자생력과 역량을 갖고 위기상황에 유연하고 적극적으로 대처할 수 있는 방안들이 마련되어야 할 것이다. 이러한 맥락에서 신용불량자를 위한 가정정책은 통합적이고 포괄적인 방향으로 강화되어야 할 필요가 있다.

신용불량자의 위기 가족은 그 발생 과정에서부터 경험하는 문제가 광범위함으로 수요자 중심의 맞춤형 정책 강화가 필요하다. 아울러 그 접근은 현재뿐만 아니라 발생 가능한 잠재적 문제가 갖는 위험성을 고려해야 한다는 것이다. 즉, 위기 가족을 위한 정책의 방향은 통합성을 지향하며, 예방성과 맞춤형 정책개발을 통해서 실효성을 높이고 가정의 역량 강화를 이끌어 낼 수 있어야 할 것이다.

계속된 경제소득의 감소로 인한 변화

30대에 신용불량자가 된 이후 어느덧 8년째 되는 해에 내 나이는 40대가 되었다.

나의 삶의 일부 특히, 중년기를 맞이하는 인생의 40대 초까지의 생활이 붕괴되어버린 나 자신은 점점 진취적인 정신력이나 건강이 실제로 감퇴하고 있음을 인식하기 시작했다.

나는 죽음이라는 문제를 자주 직면하게 되었고, 앞으로 살아갈 시간에 대해서 희망적이기보다는 비관적인 삶에 관한 생각에 사로잡혀 성격 또한 소극적이고 위축되어만 갔다.

나 자신의 능력을 최대한으로 발휘할 수 없는데 경제적 문제를 신체적, 심리적으로까지 혼자서 감당해야 하는 가장 중대한 위기가 내게 온 것이다. 나의 삶은 더 낮은 생활 수준을 경험하기 시작했고, 집은 경매로 팔려 넘어가 경제적으로 어려운 상황이 언제까지 계속될 것인지 예측이 어려워 가족의 삶도 피폐해져 가기만 하였다.

중산층 계층에서 빈곤층으로 추락한 이후에 원래의 삶을 회복하기란 무척 어려운 현실이었다. 이는 가족들과 갈등과 불화, 이혼 등 가족관계 악화에 영향을 미쳤다. 특히 가정의 경제적 책임을 지는 나로서는 젊은 시절의 꿈 꾸던 목표와 당면한 현실 속에 괴리감으로 미래에 대해서는 더욱 불안해했다. 한국 사회에서 내가 기대하는 것은 우리 사회에서 어느 정도 사회적 성공과 경제적 안정을 이루고 살아가는 모습이다. 그러나 실제로는 나 자신에게 부여된 가족 및 사회적 의무감에 커다란 부담감을 느끼고 살아갔다.

내 가족은 경제적 및 정신적 어려움을 야기 시켰으며 신용불량자인 나 자신을 둘러싼 우리 가족은 친인척에게까지 영향을 주고 특히, 장인, 장모님께 큰 불효를 한 것으로 죄책감은 어떻게 표현할 수 있는 것이 아니었다.

경제적 상황 악화로 인한 우리 가족이 당면한 문제는 가족 단위로의 문제해결 노력을 할 뿐만 아니라 가정 외적 환경에서의 지원이 반드시 있어야만 했다.

그것 중 가장 큰 것은 경제적 지원이었다. 내 가족은 이제 빈곤층과 차상위 계층으로 정부의 지원 대상임에도 불구하고 제도적인 측면에서 정부 정책을 지원받을 수 없는 모순된 빈곤의 사각지대에 놓여 있는 대상자로서 빈곤에서 빠져나오기가 힘든 구조 속에 놓여 있었다.

국민기초생활보장제도에 따라 정부의 지원은 수급권자/차상위 계층에 집중되어 있어 신용불량자를 위한 정부 정책은 미흡했다. 이에 나는 그 어떤 혜택도 받을 수 있는 자격이 되지 못하였다. 정부가 지출하는 비용은 매우 막대하지만, 일단 빈곤층이 된 우리 가정이 다시 일반 가정, 중산층 가정이 될 가능성은 그리 크지 않았다.

장기화하는 경제 위기는 나의 삶을 더 악화시키고 있었으며 미래의 희망을 담보할 수 없는 악순환이 지속하고 있었다.

나와 같이 신용불량자의 삶을 살아가고 있는 분들에게 경제 위기는 또 다른 측면에서 위기 직면 가족을 양산하게 된다.

위기 직면 가족은 현재와 같은 경제적 위기 상황에서 기초생활 보장 수급자 혹은 경제적으로 회복 불가능한 집단으로 전환되기 직전의 가족을 지칭하는 말로써 국가의 지원 대상이 되지 못하면서 일상생활이 최소한도로 이루어지는 일반 가정이다. 그 소득수준으로 보아 우리 가족이 경험한 바를 토대로 비교해 보면 위기 직면 가족은 경제 위기로 인해 가계 문제에 큰 영향을 미치게 된 차상위 계층, 빈곤층이 될 잠재적인 위기에 직면한 가족이라 하겠다. 그 어떤 지원도 받을 수 없는 빈곤의 사각지대에서 죽지 못해 근근이 목숨만 유지하면 사는 비참한 삶을 살아갈 수밖에 없는 그런 분들.

나의 신용불량자라는 신분 때문에 더욱 악화한 경제적 위기가 지속되었다. 일자리와 소득감소로 연계되었고, 중산층에서 서민층으로, 서민층에서 극빈층으로 하향화할 수밖에 없었다.

과거에 나의 가정은 그동안의 일상생활에서 여유로운 저축은 하지 못하더라도 자녀의 교육, 여가, 주택마련 등 평균치에 가까운 일상적 가정생활을 유지해 왔다.

그러나 갑작스러운 경제 위기로 인한 어려움에 대응할 적응력이 크지 않고, 또한 포기해야 하는 삶의 질로 인해 발생하는 상대적 결핍감으로 인한 박탈감 등의 문제에 직면하였다.

나에게 다시 중산층 복원을 위한 방안이 필요한데, 그동안 정부 정책의 사후처리를 보면 결국 위기 가족 지원책에서 패러다임이 변화되어야 가능한 일이다.

즉, 가정 문제 예방과 가정의 역량 강화가 문제해결만큼 긴급하고 중요하다는 합의가 필요할 것이며, 일자리 창출 그리고 사회적 서비스 내용의 차별화가 필요하다.

이는 신용불량자가 된 자녀의 연령과 가족 특성에 적합한 수요자 중심의 가족 돌봄 지원 체계 및 서비스 마련이 긴급한 실정이지만 이에 따르는 정책은 너무 미흡했다.

따라서 정책지원을 강화할 수 있는 대안들이 새롭게 모색되어야 돌봄 지원의 적극적인 노력인 가정의 위기 문제해결에도 직접적인 영향을 줄 것이라고 조심스럽게 제안해 본다.

신용불량자로 산다는 것, 그중 가장 큰 위험이 바로 배우자와의 경제적 갈등으로 인한 이혼이라 하겠다. 나 자신도 말할 수 없는 갈등으로 협의이혼을 경험했지만, 자녀가 학교에 진학할 때마다, 병원에 갈 때마다 기타 등등 아버지 부재에 대하여 인식을 하지 않을 수가 없었기에 2년여 정도 기간이 흐른 뒤에 재결합할 수밖에 없었다.

차라리 남남으로 있었거나 별거하고 있었다면 심리적으로 부딪치는 일이 적었을 텐데, 매일 얼굴을 마주하다 보니 더욱 심리적인 부담감과 갈등, 그리고 집안에서의 위축감은 더욱 심화하여 갔다.

일상생활이 잠잠하다가 경제적인 문제가 발생할 때마다 폭풍이 일듯이 부부 갈등은 감당하기 힘든 문제로 항상 대두되었다.

나의 마음 한구석에서는 내가 나 혼자 잘 먹고 잘살려고 했는가? 나 자신도 '마치 꿈처럼 다시 과거로 돌아가고 싶다'라는 생각이 하루에도 수백 번 들었다.

세월이 참 많이 흘러 이제는 현 생활을 받아들이고 잘 지내는 것 같으나 요즘에도 꿈속에서 내가 신용불량자가 아니었다는 것에 기뻐하는 꿈을 꿈속에서 꿀 때마다 신용불량자로서 살아가는 것이 얼마나 견디기 힘든 삶이었는지 대신 표현할 수 있을 것 같다.

신용불량자가 되어 만일 이혼을 하거나 가족해체를 경험하게 되면 한 부모 가정이 되고, 그 부모는 정서적으로 상실감, 배신감, 분노감, 우울감, 좌절감, 실패감 등을 느끼게 될 것이다. 나 자신 또한, 도저히 살 수 없는 상황이 되어 이혼을 결심했지만, 자녀 양육과 교육 문제로 정서적 혼란이 깊어지고 우울증이 심해지면서 자살 시도 생각을 참 많이 한 것 같다. 그러나 가족, 특히 자녀를 생각하여 재결합하면서 용기를 내어 다시 살아보자고 결심했다.

신용불량자가 된 이후 경제활동을 위해 일자리를 찾아 이곳저곳 떠돌면서 경제활동을 하게 되면서 남겨진 자녀들은 성장 과정에서 아버지의 부재로 동일시할 대상이 없어짐으로써 역할 동일시에 대한 학습 결핍 등이 발생할 수 있었지만, 다행히도 크게 표현하지 않고 잘 넘어간 것 같다.

아내는 두 딸을 위해 모자 가족 형태로 공백 상태가 되어버린 아빠의 역할을 대신하고 이를 분담해야 하는 긴장과 갈등을 경험했다. 특히, 큰딸은 자녀로서 해야 할 역할을 기대받던 것이 아빠로서 해야 할 역할을 기대받게 됨으로써 동생에게 더 아빠 역할을 해내느라 혼란을 경험한 것 같아 가슴이 너무 아팠다. 눈치를 보고 너무 소극적으로 되어버린 큰딸을 보며 하염없는 눈물을 가슴으로 흘린 시간이 오랫동안 계속되어 가기만 하였다.

다행히도 아내가 경제적 어려움 속에서도 가출하지 않고 자녀를 양육하여 정서적으로 안정화하도록 어린 자녀를 잘 돌봐주었다.

지금도 가슴 아픈 것은 경제적 불안정으로 인하여 나의 자녀들은 집안에 경제적 문제로 결혼을 기피하고 있다는 데 있다.

세월이 흘러 정부에서 다양한 신용불량자 대상 프로그램을 일부 실시되고 있다고는 하나 아직도 매우 낮은 수준이다. 정서·사회적 지원프로그램도 욕구에 맞춤식으로 대응하도록 세분될 필요성이 제기되고, 일상생활에서 발생하는 문제를 예방하고 해결하기 위한 지원들이 이루어지고 있으나 이들이 겪을 수 있는 어려움은 경제 위기가 가중되었을 때 더 심화하거나 확대될 가능성이 크다.

그런데도 국내 정책의 경우 동일한 수준의 지원 대책만을 반복적으로 제시하고 있는 경향이 높다. 특히 경제적 위기 하의 신용불량자 가정은 현재 그들이 경험하는 어려움이 가중될 수 있으므로 이를 예방하는 통합적 지원책이 마련되어야 한다.

현재의 이 신용불량자 가족에게는 경제적 위기로 인한 상황 악화에 대비하기 위한 가족 탄력성 강화교육을 보다 확대 실시하고, 경제적인 지원을 확대할 필요가 있다.

신용불량자가 된 발생 과정에 따른 문제가 상이함으로 그에 대한 접근방식 역시 차별화하는 것이 필요하다. 현재 신용불량자 가정의 지원정책이나 서비스는 특정 서비스에 제한될 뿐만 아니라 대상자별 특성을 고려하지 못하고 있다.

지금 한국의 가정은 다양한 변화와 위험 속에 속수무책으로 노출되어 있고, 위험에 대한 부담과 위기 극복은 가정에서 가져가야 할 부담으로 남겨지고 있는 것 같다. 많은 부분이 경제 위기는 우리 가정에 가족들의 결속력, 응집력, 헌신이나 유대를 기대하게 하였다. 결국, 가족원들은 쉽게 신용회복이 되지 않아 가족 피로감이 누적되는 상황에 부닥치게 되었다.

와이프나 아이들은 더 이상 스스로 자생하여 제 기능을 하는 데 제동이 걸리고 말았다. 결국, 나 자신과 아이들 스스로의 노력만으로 건강하고 행복한 가정생활을 영위하는 것에는 한계가 있었다. 따라서 우리 사회는 개별 가정이 자생력과 역량을 갖고 위기상황에 유연하고 적극적으로 대처할 수 있는 방안들이 마련되어야 할 것이다. 이러한 맥락에서 신용불량자를 위한 가정정책은 통합적이고 포괄적인 방향으로 강화되어야 할 필요가 있다.

신용불량자의 위기 가족은 그 발생 과정에서부터 경험하는 문제의 범위가 넓으므로 수요자 중심의 맞춤형 정책 강화가 필요하다. 아울러 그 접근은 현재뿐만 아니라 발생 가능한 잠재적 문제가 갖는 위험성을 고려해야 한다는 것이다. 즉, 위기 가족을 위한 정책의 방향은 통합성을 지향하며, 예방성과 맞춤형 정책개발을 통해서 실효성을 높이고 가정의 역량 강화를 이끌어 낼 수 있어야 할 것이다.

신용불량자, 나를 부정적으로 바꾸게 하다

내가 아무리 이리저리 일자리를 찾아다녀도 대한민국 사회에서 신용불량자라는 신분을 가지고 정상적인 회사에 취업한다는 것은 낙타가 바늘을 통과하는 것만큼 힘들었다.

개인적으로 실직이 오랜 기간 지속되다 보니 나 자신 스스로도 점차 부정적인 심리·사회적 영향이나 우울증의 증가와 그동안 유지해 오던 사회적 관계망이 축소되어 가면서 나는 더욱 소외감을 경험하는 빈도가 늘어갔다. 내게 정부 정책의 극심한 심리적 복지 서비스 저하를 경험하고 있었다는 뜻이다.

Jahoda는 직업을 통해 개인이 두 가지 종류의 이득을 얻는다고 보았다. 명시적인 이득은 소득으로 재정적인 이득이며, 잠재적인 이득은 직업을 가지고 일하기 때문에 형성되는 시간 구조, 사회적 접촉, 공동의 목적, 지위, 그리고 직업 활동으로부터 형성되는 심리·사회적인 이득이다(Creed & Macintyre 2001:325-326). 그러나 나는 나자신 스스로 직업을 잃게 된 실직으로 인하여 재정적인 획득과 심리적인 안정을 빼앗겼다.

나에게 있어서 실직은 경제적인 욕구를 충족하는 통로가 막히는 것이었고, 직업을 유지하면서 얻게 되는 사회적 지위의 상실이었다.

직업을 유지하면서 얻는 사회적 지위란 나 자신이 수행해 오던 가족 부양자의 역할을 의미했다. 이러한 맥락에서 실직은 내게 사회적 지위 상실과 가정에서의 역할의 상실까지를 의미했다.

나에게 실직의 영향은 경제적 소득의 상실에 그치지 않고, 삶의 의욕 상실과 함께 나 자신의 삶에 대해 실패자라는 부정적인 평가를 하고 있다는 것을 의미했다.

나는 다시 신용을 회복하여 과거의 정상적인 삶으로 복귀할 수 있다는 긍정적인 생각은 점차 초조와 불안감, 심리적으로 괴로움, 절망적인 상태가 고조되다가 정작 신용회복이 어려운 상태가 오랜 시간 지속되다 보니 개인적으로 자존심 손상과 더불어 분노감, 수치감, 열등감 등의 복합적 감정을 느끼게 되었다.

신용불량자가 된 이후에는 생활 규모를 축소하고 월세 집을 찾아 이 지역 저 지역으로 떠돌아다녔으며 두 가지, 세 가지 직업을 찾아 경제활동을 지속했다. 아내는 심각한 우울증과 스트레스로 직업을 찾아 구직활동을 할 심리적 안녕 상태를 유지하기 어려운 상태였으며 외롭고, 지치고 힘겹고 하루하루 숨 쉬는 것, 물 한 컵 마시는 것 자체가 우리 부부에게는 복에 겨운 삶이 되어 가고 있었다.

너무 신용불량자 삶이 장기화되면서 두 자녀는 나를 점차 기피하는 것처럼 느껴졌고, 아내 역시 남편이 몇 년째 신용불량자라는 사실이 온 가족, 친척 등에게까지 알려져 그 사실 자체만으로도 스트레스를 받고 있었다. 남편인 내 입장에서는 가족부양의 소임을 열심히 하고 있으나 나 자신이 사업 부도로 가정에 경제적 손실을 가져왔다는 자격지심으로 나 스스로 자존감은 무너져 내려갔고 가족관계는 더욱 소원해지는 악순환을 형성했다.

하지만 장인어른, 장모님, 아내는 끊임없이 격려와 지지를 보내주었으며 나 자신은 계속해서 자녀와 아내에게 긍정적이든 부정적이든 부부, 자녀 간 접촉 빈도를 높여가는 노력을 게을리하지 않았다.

하지만 심리적으로 많이 위축되어 있던 나는 외롭고 홀로 책임지어야 하는 가구주로서 경제적 부담감은 나 자신의 불안감과 우울증적 정서를 강화하고 있었다. 심각하게는 불안 및 신용불량자라는 후유증으로 인해 알코올을 입에 대보기도 했고, 해가 지는 저녁이면 집에 일찍 들어가지 못한 채 집 근처를 몇 시간씩 배회하기 일쑤였다.

그러나 사랑하는 아내는 가장이 신용불량자가 되어 경제적 어려움으로 인한 갈등이 발생할 때, 이혼 같은 가족해체를 고려함에서는 경제적 상황보다 가족 결속력이나 자녀에게 미치는 부정적인 영향 등을 고려하였다.

절망감, 나의 가장 친한 친구가 되어가다

　나는 일용직을 전전하며 매일매일 경제적 활동의 불안감과 자격지심으로 자존심과 자신감에 상처를 입게 되면서, 그렇지 않은 남자들보다 이혼 및 별거를 더욱 빈번히 생각하고 절망하고 있었다.
　절망은 개념적으로는 이해하기 쉬우나 장래에 대한 부정적 기대로 우울증에서 빈번하게 나타나는 증상을 의미한다(박영남 2005).
　키르케고르(S. Kierkegaard)는 자아실현의 의미를 「죽음에 이르는 병」으로 강조하고 있다. 사람은 정신이다. 그러나 정신은 무엇인가? 정신은 자아이다. 자아는 관계가 스스로를 그 자체에 관계 짓는 것이다. 그러나 절망은 자아실현이 이루어지지 않는 상태, 또는 오히려 자아의 상실이 일어나는 상태를 가리킨다.
　절망은 정신의 면에서 치명적인 병, 즉 '죽음에 이르는 병'으로써 그것에 빠진다는 것은 무엇보다도 불행하고 비참한 일이다.
　자아실현은 바로 '절망'에서 벗어나서 진정한 자아로 형성되는 운동을 가리킨다고 볼 수 있다.
　신용불량자가 되어버린 나는 실패로 인한 불행한 인생을 살아가고 있다고 생각한 나는 나처럼 이 세상에서 열심히 부단히 노력하지만 노력한 만큼의 어울리는 환경에서 직업을 가지고 가정을 이루어가기가 얼마나 힘들고 어려운 일인가를 경험하게 되었다.

나 자신이 절망감을 극복하는 과정에서 느낀 생각은 절망감은 왜 우리 사회에 존재하는 것인가? 절망감의 감소에 효과적인 요인은 무엇이 있는 것일까?

자아 존중감, 사회적 지지, 강점 등이 있겠지만 이 중에서도 사회적 지지는 절망감을 완화해주는 완충작용을 하는 것으로 생각되었다. 사회적 지지가 감소하면 우울감 및 절망감에 부정적인 영향을 미치게 되고 삶의 질과 정신건강에 부정적인 영향을 주는 것 같다.

나에게 사회적 지지는 신용불량자 신분에서 아내의 전폭적인 지지로 못다 한 학문, 그중에서 다시 사회복지와 상담학 공부를 통해 박사학위 과정을 마치게 된 것이 아닌가 생각한다. 절박한 환경 속에서 어렵게 학교 등록금을 모으면 자녀 학원비와 학교 등록금비, 생각하지 못한 생활비지출상황이 벌어져 절망하게 만들었다. 더욱 가슴이 아픈 것은 가족들이 자신의 삶을 포기하고 나의 학업이 마칠 때까지 말없이 묵묵히 지지해 주었다는 것이다.

대학 입시를 공부하던 두 딸은 학원 수업은 생각할 수 없었고, 가족들은 각자 외로움의 방에서 스스로를 지키며 하루하루를 견뎌내며 살아갔다. 가족들과 학업을 하는 과정에서 만나게 된 동료, 그리고 교수님들의 사회적 지지는 나의 삶을 견디게 하는 유일한 통로가 되었다. 같은 인간적인 관계들이었다.

그것은 스트레스라는 해로운 영향에서 나 자신의 정신건강을 보호하는 메커니즘으로 부정적인 심리적 문제를 완화하며, 생활하면서 어려움을 겪을 때 도움을 얻는 기회를 가지게 하는 중요한 요인이었다.

결국, 사회적 지지는 미래에 대한 부정적인 기대, 실패감, 신용불량, 의기소침, 죄책감, 비참함, 불행 등을 바꿀 수 없다는 부정적인 신념을 이기는 힘이 되었다.

어두운 터널 속에서 깊어가는 부부 갈등

　내가 신용불량자가 된 이후 우리 부부가 가장 크게 자주 싸운 이유는 미래를 알 수 없는 일용직 경제활동을 벗어나지 못했던 것이다. '신용불량자'라는 이유로 정규직에 취업할 수 없었다.

　나의 성격은 더욱 예민해져 가고 있었고, 성장하는 두 딸의 교육비 문제와 낮은 소득의 경제활동으로 인하여 해결할 수 없는 재정적 충당은 와이프의 카드 돌려막기로 제2, 제3의 신용불량자가 될 수 있는 외줄타기 인생을 우리 부부는 하고 있었다.

　나는 인생의 목표가 좌절된 것에 대한 자책감, 주변 사람들이 자기를 인정하지 않는 것에 대한 실망감 등으로 인해 분노와 슬픔, 좌절이 특유의 공격적인 성향과 결부되어 분노와 자살 시도 등으로 이어지는 내 모습에 처절하게 무너져 가고만 있었다.

　나 자신은 나 자신의 삶에 대하여 재조명을 못 하고, 위기감을 대처하거나 극복하는 방법 대신에 후회함과 좌절감 속에서 그냥 생을 마감하고 싶다는 생각만 더욱 커질 뿐이었다.

　회상해 보니 나 자신이 신용불량자의 삶을 살아가던 그 때 우리 부부가 경험하고 있던 부부 갈등 중 경제적 어려움, 궁핍함은 어느 측면에서는 한사람 혹은 둘이 모두 불안감을 갖고 있어서 그 긴장감이 더욱 크게 우리 부부를 감싸고 있었다.

사랑했기에 결혼했지만, 경제적 문제로 인한 부부 갈등은 상대방에 대하여 적대적이고 공격적이며 비판적 방식으로 매사에 표현돼 가고 있었다. 이 때문에 그동안 살아오면서 경험한 둘만의 부부 갈등은 수없이 많이 존재하여 어떤 것은 쉽게 해결할 수 있었고, 어떤 것은 결혼생활 내내 복잡하게 얽혀서 숨겨져 있어 해결할 수 없는 상태로 뒤범벅된 채 살아가고 있었다.

나는 부부 갈등은 배우자가 느끼는 만족감에 따라서 발생한다고 생각한다. 그것은 종교, 재정, 친척 관계 등에 대한 두 사람의 가치관 갈등 차이보다는 서로 자기 생각을 주장하려는 완고함에 더 영향을 받는다는 것이기 때문이다.

잃어버린 나의 레질리언스를 찾아서

내가 신용회복을 할 수 있는 그 요인은 무엇이었을까? 죽고만 싶었던 내가, 더 이상 나는 가치 없는 인간이라고 절망했던 내가. 나는 이 5글자라고 감히 이야기 할 수 있을 것 같다. 그 단어는 레질리언스(resilience)이다. 이 단어의 개념은 역경으로부터 다시 일어나 강해지고, 사람들이 고통스러운 상처로부터 치유될 수 있도록 하며, 자신의 삶을 스스로 책임을 진다는 의미이다(양옥경, 김미옥 2006).

최근 내수 경기가 침체하면서 가계경제의 위기와 개인 신용불량자로 전락하는 사람이 증가하고 있다. 하지만 이러한 위기상황을 경험하는 모든 사람이 심각한 가족 갈등을 거쳐 가족해체로 이어지는 않는다고 생각한다. 그 이유는 어떤 사람은 아무리 어려운 위기와 변화된 상황 속에서도 더 탄력적으로 대처하여 위기를 극복하여 본연의 기능을 회복해 나간다. 반면 어떤 사람은 쉽게 좌절하고 개인 파탄의 결말을 맞이하는 모습을 주위에서 종종 보게 된다. 환경적 변화에 대한 적응과 위기로부터 희망을 찾아낼 수 있도록 하는 레질리언스, 이 5글자에 나는 깊은 관심을 가지게 되었다.

레질리언스의 개념은 존재하는(Being) 것과 되어기는(Becoming) 과정을 의미하며 당사자 본인의 경험이라는 점이다. 즉, 자신이 삶을 능동적으로 가꾸어 나갈 수 있는 능력이 있는 존재로 여긴다(전수미 2014). 더 나아가 그 어려움을 견디어 내고 새로운 삶을 살아가게 하는 원동력의 개념이 레질리언스이다(김수안, 민경환 2011).

사람은 누구나 신용불량자가 될 수도 있고 다시 나와 같이 그 신용이 회복될 수 있다. 그렇기 때문에 회복의 목표는 신용회복을 통한 정상적인 사회구성원으로 활동하는 것이라 할 수 있다.

다시 말하면 사람들은 삶 속에서 끊임없이 스트레스 상황에 노출되더라도 모든 사람이 부정적 생활 사건이나 일상적 스트레스를 견디지 못하고 심각한 부적응 상태에 빠지는 것은 아니라는 것이다. 즉, 개인이 어려운 역경에 직면해서도 극복할 수 있고 적응적인 기능을 수행할 수 있다는 관점으로 보는 것이다(김희경 2010).

레질리언스가 낮은 사람은 스트레스 상황에서 경직되고 고집을 부리거나 혼란스러워하거나 산만해져 적응하지 못하고 자신의 실수나 역경을 회피하려는 성향이 매우 높지만 레질리언스가 높은 사람은 설령 실수하더라도 그로부터 피드백을 적극적으로 받아들이는 습관이 들어 있다(이명훈 2016).

우리 주위에 흔히 볼 수 있는 알코올중독자의 예를 들면, 스트레스에 대해 일반인들보다 더 민감하게 반응하고, 영향도 많이 받기 때문에 더 쉽게 다시 음주하게 되는 것이다(박병선 2007).

그들에게는 음주만이 유일한 취미이며 그렇지 않은 사람에 비해서 인지 행동, 정서적인 면에서 많은 문제를 가지므로 회복에 있어 사회적 지지가 중요한 요소가 된다(한미영 2003). 다른 측면에서 나는 신용불량자 삶을 살아 온 내게 레질리언스가 영향을 미쳤던 보호 요인들을 설명해보고자 한다.

첫째, 개인적 수준에 해당하는 보호 요인으로 활동적인 기질, 연령이라고 설명하고 싶다.

글 서두에 언급했듯이 나의 어린 시절 기억 중 하나가 무능한 아버지이었다. 매달 나는 꼭 해야 하는 것이 학교 끝나면 아버지 회사 앞으로 가서 아버지를 기다려야 했다. 집에서 목메게 기다리고 있을 가엾은 나의 어머니 때문에, 그러나 아버지는 귀신같이 나를 따돌리고 사라지시기 일쑤였다. 지금도 생생한 기억은 초등학교 3학년 때 아버지 회사 앞에서 드디어 아버지를 만났는데 회사 앞 짜장면집에서 나에게 짜장면을 먹게 하고 도망가신 것이다. 그날 집에 돌아왔을 때 어머니는 이미 체념하셨고 하염없이 울고 계셨다.

그날은 아버지가 월급을 가져오시지 않으셔서 우신 것보다도 힘이 되고 의지했던, 그 당시 어머니는 이모님이 하시던 수예점을 도우며 생활비를 충당하고 계셨는데 그 이모님이 결혼한 아들이 초청해서 미국으로 들어가시게 되셨기 때문이다.

시골에서 초등학교 선생님이시던 외삼촌이 계셨지만 그래도 이모님은 어머님께 어머니와도 같은 유일한 안식처이었기 때문일 것이다. 이모님의 미국이민을 계기로 어머니는 하시던 수예점을 접고 작은

잡화가게를 하시면서 처절한 생존 시장의 전쟁터에 뛰어들게 되셨다. 그리고 처절하게 몸부림치며 다른 부모님들이 그러하듯이 자기 몸을 희생하며 두 자식을 위해 온몸을 던지셨다.

지금도 그러하지만 자본주의 사회에서 생존하기가 얼마나 힘든지 나는 다시 어머님의 삶을 통해 회고해 본다.

현금이 늘 부족한 가운데 장사를 하시던 어머니는 여름이면 큰 어려움을 겪으셨다. 청량음료 유통회사에서 겨울에는 외상으로라도 매출을 위해서 공급해 주었지만, 성수기인 여름에는 현금을 주지 않으면 청량음료를 공급해 주지 않았다. 떠나는 청량음료 회사 트럭 뒤쪽에 매달려 제발 한 상자만 달라고 애원하던 어머니의 모습, 가게에 공급한 냉장고에 진열된 제품 중 자신의 회사 제품이 뒤에 정렬되어 있으면 페널티를 주고 공급량을 축소하던 우유 회사 직원의 모습까지, 생존의 전쟁터에서 몸부림치던 어머니. 가정을 돌보지 않으면서 귀신같이 유흥만 즐기던 아버지.

나는 어머니의 성격과 기질을 많이 닮았던 것 같다. 지내 온 날들 속에 나의 신용불량자가 된 이후 몸부림치며 살아 온 일들은 뒤에서 좀 더 구체적으로 설명하고자 한다.

신용불량자이었던 나에게는 신념체계가 있었다. '신용회복을 나는 해야만 한다.', '나는 할 수 있다.'라는 신념이었다. 신념체계는 레질리언스의 강력한 힘으로, 위기를 당한 당사자에게 응집력을 제공하고 당면한 문제에 대처하는 행동에 영향을 미친다(이혜경 2014).

당면한 역경에 의미를 부여하는 것은 위기 극복 후의 삶을 어떻게 살 것인가에 대해 새로운 비전과 목적을 가지고 변화할 수 있도록 돕는다(Walsh 1998).

역경을 잘 이겨내면 가족 구성원과 주위 사람 사이에 믿음과 신뢰가 생기고, 과거에 어려운 역경을 극복한 경험 또한 현재 당면한 역경을 견디어 내는데 큰 자신감을 줄 것이다. 역경에 대한 긍정적 시각은 인내, 격려와 용기, 소망을 주며, 위기나 실패를 도전으로 보고 더 강해지는 데 도움을 준다.

둘째, 따뜻하고 지지적인 부모, 좋은 부모 자녀 관계, 부모의 화합 등이다.

무능력한 아버지로 인해 매달 밀가루를 공급받아와 쌀밥보다는 밀가루 음식을 먹던 날들이 더 많았지만, 어머니에게는 이모가 계셔서 웃을 수가 있었던 것 같다. 이모가 수예점을 하시면서 나를 어린이집에 보내주시고 어머니는 직장에 다니면서 생활비를 감당하시며 살아왔다. 그러나 나는 어린이집을 가기가 매우 싫었다. 어린이집에 가서 아이들과 함께 놀고 다정한 선생님들과 함께 지내는 시간은 너무나 좋았지만, 아버지 이야기만 나오면 다른 아이들과는 달리 나는 정말 아버지에 대해서 할 말이 없었고, 미움만 컸기 때문이다.

이 때문인지 나는 어머니가 집으로 오는 시간을 기다렸고 여동생과 나는 늘 어머니가 돌아오시는 버스정류장에서 어머니를 기다리는 것이 일상이 되어버렸다.

비가 엄청나게 오는 어느 가을 어머니를 기다리다 감기에 걸려 고열이 심해진 나는 서대문 적십자 병원에서 사경을 헤맬 정도로 며칠을 입원하여 치료를 받아야만 했다. 이 일을 계기로 어머니는 다니시던 직장을 포기하고 이모님께서 하시는 수예점 일을 돕기 시작했다. 이제 직장에 나가지 않는 어머니, 더 이상 버스정류장에서 퇴근해서 돌아오는 어머니를 기다리지 않아도 된다는 생각에 너무 기뻤다.

바보같이 어머니가 직장생활을 그만두면서 이모님 수예점에서 수입으로 받는 돈은 턱없이 부족해 어머니의 하루하루 가슴 졸임은 더욱 심해가는 것을 모르고, 그래도 어머니는 이모님과 한복도 만드시면서 함께 하실 때 웃음을 제일 많이 보이셔서 나는 그때 어머니의 모습이 세상에서 제일 예쁘게만 보였다.

어머니를 생각하니 지금까지 나를 지지한 가족들의 눈물겨운 지나온 날들이 생각이 난다. 나는 1남 1녀의 장남이었지만 처가(妻家)로는 딸 다섯에 나는 넷째 사위였다. 처가(妻家)는 장인 어르신을 통해 서로 가족 단위의 통합을 지지하고 서로의 행동을 규제하는 신념체계가 강화되어 있었다. 이 가족체계가 나 자신이 신용불량자가 되었을 때 크게 영향을 미쳤던 것이 중요했던 것 같다.

나 자신이 가장(家長)으로서 아내에게는 가정을 지켜야 하는 아내로서 어머니로서 역할에 대한 안정성 및 융통성을 지키도록 하셨다.

그리고 경제적 어려움으로 인한 가족 갈등, 기타 어려움 등 혼란의 시기에 끝까지 경제적 지지와 정서적 지지로 지원해 주셨다. 이러한 가족의 기능이 중요하며, 위기상황에 대해 대처하기 위한 역할 변화에도 필요하며 가족 간의 역할 분담을 통해 위기나 스트레스 상황에서 기능적으로 대처할 수 있었다.

처가(妻家)와 같이 지지적인 가족은 함께 아프고 고통스러운 시간을 공유하고 미래에 대하여 서로 의사결정 하며 지지하여 내 가족이 스스로 자신의 사고, 감정, 행동에 책임을 갖고 자율, 분리, 연합 할 수 있도록 정서적 연대감을 지원하였다.

이러한 가족의 경제적 자원은 나 스스로 자존감을 회복하고 다시 새로운 일자리를 찾을 수 있는 용기를 주었고 가족 외부의 자원을 동원하고 활용할 수 있도록 지역사회 지지망을 확립하도록 지원했다.

셋째, 가족 외의 사회적 관계망에 해당하는 보호 요인들로 가족 이외의 사회적 지지는 나 자신이 신용불량자라는 삶을 극복해 나가는 데 있어서 대처능력에 영향을 미치는 중요한 변수가 되었다.

신용불량자가 되어 홀로 고립되어 갈 즈음에 점점 타인과의 대화는 사라지고 대인 관계망도 좁혀져 가고 있을 때 가족 간의 의사소통은 가장 중요한 요소로 내게 다가왔다. 가족끼리 서로 침묵하거나 견디기 힘든 일들을 감추려고만 했다면, 의사결정에 대한 장벽을 만들기 때문이었다. 가족에게 자연스럽게 나의 아픔과 내가 할 수 있는 정도의 능력과 할 수 없는 것들에 대한 감정과 욕구를 이야기했다. 이로 인해 너무나 슬퍼 울기도 하였고 괴로워하기도 했으며 심각한 스트레스와 우울증, 울화병 공황장애를 경험하기도 했지만 때로는 즐거

움, 희망, 등의 광범위한 감정을 공유할 수 있었다.

넷째, 자신들에 닥친 사건들에 대해 긍정적이면서도 객관적이고 정확한 스토리텔링을 할 수 있는 능력이다.

나는 어머니께서 살아오신 삶의 인생의 여정을 깊이 있게 모두 이해할 수는 없지만, 최대한 아버지의 모습을 통해 보인 최대한의 아버지, 남편의 긍정적인 역할을 해야 한다는 나름의 신념이 영향을 미친 것 같다.

나름대로 회복 탄력성이 높은 사람의 유형이 아닌가 싶다. 신용불량자와 같은 나쁜 일은 시간이 지남에 따라 점차 덤덤하게 그 의미를 축소하고, '나도 다시 신용회복 할 수 있다'. '다시 일어설 수 있다'라는 좋은 일에 대해 일반화해서 받아들이는 태도를 유지하였다.

다섯째, 대인관계 능력이다. 자기 자신과 타인을 얼마나 동일시하는가? 하는 태도에 달린 관계성은 긍정적 지지를 해주면, 긍정적 정서가 높아지고 자아 확장력이 높아져 관계 맺기에 적극적이게 된다(김주환 2001). 사회적 기술, 지능, 자기 효율성, 유머, 타인에 대한 매력, 공감 능력 등이다. 상호 협력적 문제해결에 대해서 아직도 때로는 뜨거운 언쟁으로 서로의 가슴을 아프게 하기도 하지만 갈등을 잘 조정하고 문제를 함께 잘 다루어 나가고 있다. 가족은 관용을 바탕으로 갈등 회피가 아닌, 직면을 통해 갈등과 문제를 다루고 해결하는 기술을 향상할 수 있기 때문이다.

대한민국에서 신용불량자로 살아가기

 신용불량자로 살아가던 나는 신용불량자라는 신분을 받아들이기까지 오랜 시간 심리적으로 어려움을 겪었다. 신용불량자라는 신분에 대한 부정적인 인식이 작용하고 있었으며, 신용불량자인 나 자신을 바라보는 사회적 인식을 의식하였기 때문이다.

 사업부도 후 재기하기 위해 훌훌 털고 새로운 일들을 하며 살아가고자 했으나 신용불량자의 신분으로 전락하여 생활 터전을 막는 환경요인과 주거, 직업, 부채상환으로 인한 빚 독촉에 시달림, 개인의 심리적 갈등 등 사회적 개인적 제한으로 재기의 희망을 눈물로 달래야 했던 시간을 보내게 되었다.

 이러한 사회적 제약으로 인한 계속된 장기 실업은 경제적 소득감소의 악화로 삶의 기본 터전인 가정의 문제로, 아이들의 문제로, 확산하여 이혼 문제를 일으키기까지 했다.

 나 자신이 탈빈곤 의식이 희석되고 '희망과 빈곤'이 '절망과 빈곤'으로 바뀌는 것이 아닌가 하는 생각이 드는 것은 경제성장을 통해 안정 성장 단계로 진입하지 못하고 오히려 경제성장의 감속을 통해 더 이상 모든 사회계층에게 지위 상승과 소득증대의 기회를 부여할 수 없게 되었음이 아닌가 한다.

나 자신이 사회적 제약(금융권 이용 불가, 사업자 등록증 개설 금지, 일반직 취업 제한, 사회적 편견 등)을 극복하고 신용불량자 이전의 삶으로 돌아간다는 것은 '낙타가 바늘구멍 통과하기'나 '하늘에서 별을 따오는 것'만큼 지극히 어려운 것이 현실이 되고 있었다.

누적된 금융권의 이자 및 부채상환으로 인해 우리 가정의 소득을 감소시키기 때문에 하루하루의 살아가고자 하는 마음은 심리적인 부담감을 주는 요인이 되고 말았다.

당시를 회상해 보니 기가 막혔다. 채무독촉이 너무 심해서 모든 것 다 버리고 도망가고 싶었다. 이 무식한 것들이 말도 못 하게 전화하고. 찾아오고 진짜, 죽을 것 같았다. 이렇게 극도의 긴장 상태가 지속되다 보니 나의 건강은 점점 나빠지고 만성적인 스트레스에 시달리던 나는 점점 심장도 약해져만 갔다.

혈압이나 콜레스테롤 수치가 높아졌고, 신장에 큰 무리가 와서 손, 발이 자꾸 붓고 저려만 갔다. 멀쩡한 집을 사업한다고 주택담보대출금을 받아 상환하지 못한 나는 상환 능력도 없어 급기야 죽음을 생각하기도 하였다. 물론 채무상환 압박을 견뎌내는 그 한계치는 사람마다 다르다. 어떤 사람은 불과 몇 백만 원 때문에 목숨을 버리기도 하지만 나는 수억의 빚을 지고도 살아갔다. 빚을 졌더라도 그것이 생명과 존재 전체를 위협할 정도가 아니라면, 조금 더 뻔뻔하게 버틸 수밖에 없었다.

경제적 어려움으로 신용불량자가 된 나는 점차 사회적 관계에서의 단절로 인해 깊은 슬픔과 비탄에 빠져 고통을 받는 순간 삶에 대한 목표는 상실되어 갔다.

  가족은 서로 강한 신뢰에 뿌리를 두고, 서로에게 신뢰와 격려를 지속할 때 역경을 가장 잘 이겨낼 수 있는데 아내의 신뢰는 나 자신이 삶을 지탱해 가고 개방적인 의사소통을 가능하게 하고, 상호이해와 문제해결을 해내는데 중요한 요인이 되었다. 그러나 나의 마음 한편에는 한없는 미안함이 무겁게 자리를 잡고 있었다. 그 이유는 나의 아버지는 경제활동을 하고 있지 않으셨다. 어머님께서 돌아가신 후 재혼을 하신 후 새어머니와 연금에 의지해 살아가고 계셨기 때문에 나는 의지할 곳이 없었다. 그런데 장인, 장모님께서 계속 지원을 해주시며 도움을 주셨다.

  그러나 계속된 경제적 궁핍은 부부관계에서 심리적으로 감당하기 어려운 문제로 가끔은 신뢰를 무너뜨렸다.

  남편의 중요한 역할이자 책임으로 인식하고 있는 한국의 가족문화에서 사업실패나 실직으로 인한 소득상실은 심각한 부부 갈등을 유발하고 가족 유지를 계속 위협했다.

  경제적 어려움을 견디지 못한 아내가 한마디씩 할 때는 나는 어찌할 바를 모르고 그냥 터질 것만 같은 가슴을 부여잡고 가슴으로 눈물을 흘렸다. 화가 난 아내는 나에게 "내 카드도 막 갖다 써버리고, 밖에서 무슨 일이 일어났는지도 말도 안 하고 남자들은 다 그러니? 왜 집에서는 도대체 어떻게 돌아가는지 말을 안 해 이렇게 거지꼴을 만들어 놓았냐 말이야, 우리 모두 깨끗하게 죽이고 나가서 너 혼자 죽어, 진짜 꼴 보기 싫어, 나는 이제 너무 힘들어. 먹고 살기 어려워 죽겠는데 애들이 너무 불쌍해서 내가 사는 거야, 애들은 어떻게 할 거야?"

하나, 제한적이고 폐쇄적 감정표현 - 부정적 대처

불확실성은 정서적인 회복에 커다란 장애가 된다. 사람들은 불확실한 것을 본능적으로 싫어한다. 정서적으로 받아들이기가 매우 어렵기 때문이다. 나는 아내의 말에 짜증을 내기만 하는 제한적이고 폐쇄적 감정표현을 하였다. 그 표현은 변명, 책임 전가, 책임 회피 등 나 자신을 보호하는 방어기제의 한 방법으로 나 자신에게는 문제가 없고 상대방에게 문제가 있다고 생각하였다. 나는 항상 "마누라가 뭘 알아, 도와줄 것 하나 없는데, 내가 다 알아서 해야지, 도저히 일이 풀리지를 않아" 거꾸로 화를 더 많이 내버렸다.

갑자기 욱하는 성질을 가지게 된 나는 돌발성 분노(Sudden Rage)를 겪고 있는 것 같았다. 갑자기 예기치 않게 성격이 돌발할 정도로 화가 치밀어 감정이나 생각, 행동을 전혀 통제하지 못하거나 일부밖에 통제하지 못하는 상황이 자주 나타났다. 이러한 나 자신의 행동은 무의식중에 일어났으며 다른 사람들에게는 대수롭지 않게 생각하는 일들에 대해 나 자신만 욱해서 이성을 잃고 감정적으로 악을 쓰며 가족에게 분노를 표출하였다.

그 어떤 경제활동을 하고 있지 않은 배우자를 원망하였고, 상대방을 무시하는 태도와 행동으로 상대방을 평가 절하시키는 말투로 부부 사이의 골은 깊어졌다.

'부부가 뭘까? 동반자 아닌가? 나만 죽어라고 일하고, 세상에 저렇게 일할 곳이 많은데, 많은 여자 중 왜 내 마누라랑 결혼해서 본인은 죽어도 일 못 다닌다고 하니, 자기가 할 수 있는 일이 없다고 하면? 도대체 무슨 말을 하고 이야기를 해' 피가 거꾸로 솟는 것 같았다.

와이프가 나를 내 처지에서 보며 얼마든지 그럴 수 있다고 생각해 주기를 바랐다. 이는 한쪽이 다른 한쪽과 다른가를 알려주는 개별화 과정이며, 말하는 사람과 듣는 사람이 느낀 생각, 믿음이 같지 않다고 해서 통합할 필요가 없는 공생적 생각을 깨고 관계를 통하여 건강한 분화를 이루는 과정이었다.

친구들 만나는 것을 회피하기 시작했다. 아니, 친구들을 만나러 가기 위한 비상금조차 없었기 때문에 점차 인간관계는 소홀해져 가기만 했다. 세상살이가 내 뜻대로 되지를 않았다.

점차 나는 나의 인생을 내 마음대로 조절할 수 없고, 과거처럼 경제적 어려움 없이 살아갈 수 없다는 현실에 좌절했다. 나 자신이 더 이상 이 사회에서 아무런 영향을 미칠 수 없는 존재인가? 하루하루 경제적 어려움으로 살아가기 힘들 때, 나 자신은 도저히 그 사실을 참기 힘들어 분노하거나 무력감으로 '체념성 분노(Impotent Rage)'의 모습을 나타냈다.

하지만 이 세상에는 그 누구도 내가 괴로워하는 상황, 염려하는 것에 대해 내 감정을 반영하고 공감해 줄 대상은 그 어디서도 찾아볼 수 없었다.

둘, 과거에 집착하는 사고방식

비가 오던 날, 우산 없이 흠뻑 젖은 채 집으로 오는 것처럼 나의 삶은 아무리 노력해도 가난에서 벗어날 수 없는 현실에, 나는 잠시라도 쉴 마음의 여유조차 없이 심리적으로 위축되어 가기만 하였다.

나 스스로 자신에게 당면한 어려운 일에 대해서 빨리 그 의미를 축소하고 견디어 내어야 했지만, 환경의 변화에 적응하지 못한 채 부정적이고 폐쇄적인 정서표현을 구성하였다.

의료기 하나 팔면 40%가 남았으니까, 천만 원짜리 하나 팔면 400만 원 남았었는데, 이렇게 일용직으로 아르바이트해서 언제 애새끼들 키우고 돈 갚고 살아갈까?

한 달에 순이익 1천5백이 보통이고 잘되면 2천 이상도 남았었는데, 그동안 다 쓰고도 남은 돈이 3억이었는데 도대체 왜 신용불량자가 되었는지 기가 막혀 술도 얼마나 먹었는지…

셋, 자포자기의 삶

신용불량자라는 충격적인 역경 사건으로 인해 가지고 있던 생활 방식도 붕괴하고, 정서적 고통이 유발된 채, 정서를 조절하지 못하고 왜 이런 일이 일어났는지 후회하며 절망했다. 그 역경은 상당히 고통스럽고 원치 않는 과정으로 절망감에 스스로를 비난하였다.

빚에 빚을 더하니까 죽지 못해 살아갔다. 내가 혼자서 내 힘으로는 세상에 발붙일 곳이 없었다, 해결이 안 되는 것이었다.
죽지 못해 산 거나 마찬가지였다. 똥 싸듯이 죽으라고 해도 안 되었고, 가뜩이나 사업은 망했고, 도저히 살아갈 수가 없다는 생각에 회복 불능상태에서 집에다가도 내가 원하는 만큼 벌지도 못하고 돈을 갚을 희망이 보이지 않았다.

내 생각에는 경제적 어려움을 겪는다는 것, 그러나 모든 역경이 다 똑같은 것만은 아니라는 생각을 하고 있었다. 어떤 역경은 사람의 정서적인 회복력을 경험하는 기회가 되기도 하지만 신용불량자가 된 나는 미래에 대한 불확실한 상황에 대처하는 것에 더욱더 힘들어 가기만 했고, 점차 울울한 상태를 넘어 가족에게는 드러내 보이지 못하고 마음은 자포자기가 되어갔다.
사람들은 우울 상태라는 단어를 들으면 제일 먼저 머리에 떠오르는 것이 우울병이라고 생각할 수 있겠다. 나 자신의 마음은 계속 비애감,

불안감, 의욕 저하 등의 억제적 증상이 주를 이루고, 끙끙거리면서 생각하고 울적한 기분이 계속되었다.

그러다 보면 부정적인 마음이 내 가슴속에서 세상을 향하여 속이 곪아 가고 있는 것이었다. 나 자신은 어떻게 해야 할지 모르고, 어떻게 해서 이렇게 돼버렸는지 알 수 없는 곤혹감에서 오는 상태였다.

자존심과 관계가 없는 상황이라도 타인을 의식하고, 예기치 못하게 발생한 신용불량자 신분에 대해 절망하였다. 시간이 지날수록 내가 겪는 괴로움의 정도가 더 심해졌다.

넷, 부정적 지각으로 인한 현실 부적응

사람은 고통에 처하면 고통의 원인을 규명하고 고통의 원인을 제거하기 위한 방법을 찾아내며, 해결방안을 찾기 위해서 모든 인지 능력을 동원하는 것 같다.

그러나 나는 삶을 호전시키는 방안에 관점을 두었지만, 일용직이라는 경제활동으로 삶이 더 나빠질 수 있는 상황을 생각하지 못했다.

나는 가족 안에서는 아버지, 가장의 역할을 수행해야 했지만, 낮에는 경제적 수입으로 인하여 가정에서 나의 아버지, 가장으로서 그 권위가 바닥에 떨어진 상태가 되었다. 이로 인해 지속적인 가족 구성원 간의 역할, 위기상황에 대처능력과 융통성도 존재하지 못했다.

망했어도 자존심을 잃지 않으려고, 내가 책임지겠다고 큰소리만 쳤다. 애들 교육도 난 마음만 신경 쓰고 화가 나니 큰소리만 치고 말았다. 내가 참 자존심이 강한 사람이라서 그냥 큰소리쳤다. 책임도 못 지면서. 나와 가족은 응집력을 위해 서로 노력하였으나 회복 기미가 보이지 않는 경제적 어려움으로 인하여 가족 구성원 서로에 대한 정서적 연대감을 이루지 못하였다. 가족 간의 연합은 배우자의 헌신으로 이루어 가는 듯 보였으나 가족 간의 상호지지, 상호협력, 자율성의 균형을 이루지 못하고 있었다.

나는 돈만 되면 불법이라도 무엇인가를 하겠다는 마음까지 다짐하고 하루하루 일용직의 삶을 이어 갔다.
정말로 불법적인 일을 했을까? 집에서 알았으면 반대했겠지, 경찰서 가고, 검찰청 갔다 전과자가 될 수도 있을 텐데.
너무너무 경제적으로 어려우니, 어릴 적 어머님이 병환으로 일찍 돌아가셔서 우리 집 자체가 가난해져 버린 것들이 원망스러웠다.
화가 난 와이프는 '저 거지 같은 인간 만나서, 두 번 다시 너 같은 인간 만나기 싫어', '너희 집안 인간들 생각하면 정말 꼴 보기 싫어'라며 난 집에서 돈 버는 기계였다. 샘솟는 돈 나오는 우물? 신용불량자가 된 그다음 날도 자살하고 싶은 마음보다 단 100원이라도 나가서 돈을 벌어야 한다는 생각이 먼저 들었다.

신용불량자 삶에서 나타난 변화

하나, 주거의 변화

　신용불량자가 된 이후, 나는 부족한 경제적 자원과 자녀 양육의 한계상황에서 절망과 좌절감을 경험하게 되었다. 어려운 상황을 극복할 수 있는 대안이 없었기 때문에 유일한 해결책이 없는 현실에 심적 부담을 갖기 시작했다. 특히 위기로 치닫기만 했던 신용불량자의 삶 중에서 주거 문제는 더욱 큰 불안정한 요소로 우리 가족에게 가장 무성적인 영향을 미치는 것이었다.
　신용불량자가 된 나는 신용회복과 경제적 회복 중 하나의 역할수행도 온전히 수행할 수 없는 절박한 상황 속에서 심리적 고통은 더욱 가증되었다. 살던 51평 아파트가 경매에 넘어가 하루아침에 거지가 될 위기에 놓였다.
　우리 본가는 그야말로 단돈 100원도 지원을 해주지 못하는 경제적 기대를 할 수 없는 집안이었다. 그런 위기에서 처가 집 부모님과 가족이 마련해 준 거처는 우리 가정의 상처 입고 고달프기만 했던 삶을 정리하고 안정을 찾고, 양육의 부담감을 감소하고 심리적 회복이 빠르게 진행되는 계기가 되었다.

누가 부도난 신용불량자에게 천원이라도 빌려주겠는가? '야, 불쌍하다. 밥이나 사 먹어라'라며 던져주는 돈이라면 몰라도. 길거리로 나가야 하였다. 그런 위기에서 장인어른께서 눈물을 흘리시면서 "꼭 성공해라" 이렇게 격려해 주시면서 우리가 살 수 있는 집 월세 집을 마련해 주셨다.

살아가다 보니, 주거공간은 우리에게 휴식과 재충전을 할 수 있는 공간이라는 사실을 알게 되었다. 안정적이고 쾌적한 주택은 노화로 인한 생활기능 저하의 예방 및 보완의 역할을 할 수 있어 신용회복에 큰 영향을 미친다.

경제적으로 취약했던 우리 가정은 적지 않은 생활비용으로 스트레스를 받을 수밖에 없는 현실이었으나 부모님께서 보내주시는 쌀, 반찬 등의 지원과 안정적인 주거 마련은 심리적 안정이 이루어지는 동기가 되었다.

2018년 8월에 나는 드디어 지도교수님, 그리고 많은 교수님의 가르침과 지도 덕분에 사회복지학 박사학위를 취득하게 되었다.

박사학위 논문을 '신용불량자를 중심으로' 연구하다 보니 연구 과정 중 인터뷰 과정에서 신용불량자분들이 말씀해 주신 자신들이 경험한 주거환경과 직업 형태를 보고 내가 경험한 직업군들과 정말 유사함을 보고 놀라움을 금할 수 없었다.

다음은 박사 연구 논문을 준비한 과정에서 수집한 인터뷰 내용을 일부 인용해보고자 한다.

합판으로 천막집을 짓고 살았어요. 그것도 힘들더라고요. 모든 것 다 버리고 1톤 봉고에 이불 하나 보따리 하나만 싣고 야반도주했어요.

내가 집에 못 들어가고 산에서 움막 생활을 했어요. 그러다가 처남이 자기가 전세로 둔 아파트에 가서 살라고 해서 그때부터 진짜 나의 은둔 생활도 그만둔 것 같아요.

조립식 컨테이너에 몸만 들어가 살고 있다가 형님이 농가 주택 하나 마련해 주셨어요.

여동생이 얻어준 가게를 함께 할 수 있는 단칸방으로 이사를 가서 거기서 장사를 하게 되었어요.

집 나와서 일하는 가게에서 의자 붙여 놓고 잤어요. 밤에 장사하고 잠 못 자고 일하고 낮에 잠을 자는 생활을…

내가 경험해 보고 신용불량자의 삶을 경험한 분들이 경험한 공통점은 불안정하게 만드는 환경은 주거지의 잦은 이동이다.
생존의 기로에서 경제적 빈곤을 타계하기 위해 일자리를 찾아 이주하거나, 경제적 불안정으로 더 낙후된 주거지로 이곳저곳 옮겨 다니거나 채권자를 피해 야반도주(夜半逃走)를 하기도 하는 삶.

이때 그 가족들도 이집 저집 옮겨 다녀야만 했다. 그리고 주거지 이동으로 먹고사는 경제활동의 업종이 빈번하게 바뀌는 경우가 있었다. 이런 잦은 이동으로 지역사회와 문화에 익숙해지고, 또래 관계를 만들어 가는데 많은 장애를 가져왔다. 이는 어려움에 처한 개인이 지역사회 도움을 신속하게 지원받지 못하는 근본적인 원인이 된 것이다.

또한, 노동시장의 구직과정에서 안정적 일자리를 찾지 못하고 계속 새로운 일자리를 찾느라 자녀와 가족을 돌보고 신경 쓸 여력이 없도록 만들었다.

신용불량자라는 구조적 원인과 더불어 사업실패, 사업부도라는 개인적 불행이 노숙과도 같은 주거지 불안의 주요 원인으로 작용하고 있었다. 노숙은 빈곤을 전제로 하지만, 빈곤이 모두 노숙으로 이어지지는 않았다. 노숙이 발생하기 위해서는 빈곤과 함께 주거 상실이 발생해야 했기 때문이다.

갑작스러운 신용불량자가 되는 것은 사업실패가 곧바로 주거의 상실로 이어지면서 노숙에 진입하는 경로를 보여주겠지만 나의 연구에 참여했던 신용불량자 경험이 있던 분 중 신용회복이 가능했던 대부분은 가족들의 도움으로 노숙자의 삶은 살지 않았다.

가족의 도움이라는 주거 안정이 신용불량자의 삶과 삶의 재기 의지를 갖고 다시 살아갈 수 있느냐가 정해지는 핵심요인으로 작용했다.

이에. 나는 신용불량자를 위한 우선 정책은 고용이나 그로 인한 빈곤 문제로만 바라보는 시각에서 벗어나 주거 지원정책 차원에서 별도의 대책을 마련하는 것이 시급하다는 생각이 든다. 빈곤과 주거 상실이 중첩되어 발생하는 현상이기 때문에 그 대책에서 또한, 빈곤 해소와 주거 지원이 함께 고려되어야 한다는 것이다.

둘, 직업의 변화

신용불량자가 된 나로 인하여 사업장 폐쇄 및 파산으로 인한 실직 이후 중산층 가족의 지위 하락 현상을 현실감 있게 드러내 보였다.

예기치 못했던 사업 부도로 인해 극단적 충격을 받아 자신 존재의 무력감에 자살 충동을 느끼거나 분노가 차오르면서 자살 충동을 느꼈다. 때로는 면목이 없어 죽고 싶기도 하였으며 가족들 먹여 살릴 돈도 못 번다는 사실에 답답해했다.

그 와중에 가장 힘들었던 점은 '자신감의 상실'이었다. 나는 회사를 운영하다 망해버려서 패배자라는 자괴감이 들었고, 다른 사람들의 곱지 않은 시선이 두려웠다. 사업실패하고 이일 저일 하면서는 나는 살아남을 수 있을 것 같았지만, 그런데 자꾸 아무것도 안 되었다. 변변한 가게를 차릴 돈이 없고 직장 취직은 안 되고, 처음에 사업 부도나고서는 이게 꿈인가 생시인가 했다.

정말 눈앞이 캄캄했다. 처음 한 달간은 어디 나갈 곳이 없어서 아침에 나가서 내 회사 앞을 서성거리다가 오기도 했다. 가족들 보기가 민망해서 집에도 들어가기가 싫고 나 자신의 능력에 대해 회의감이 들고 자존심도 상하고, 자신감을 많이 잃었다. 온몸에 힘이 빠지고 아무것도 할 수 없었고, 앞으로 뭘 해야 할지 막막했고 아이들이 학원을 그만둬야 했을 때는 살기 싫을 정도였다.

처음 며칠간은 자고 일어나면 이 모든 일이 꿈일 것만 같았고, 그 후에는 마음속에 분노가 차오르면서 세상 모든 것이 마음에 들지 않았다. 죽어버릴까 생각도 해보고, 등 따시고 배부르게 사는 사람들이 너무 부러웠다.

경제가 힘들어지고 사업 부도로 신용불량자가 되고, 실직된 것이니 어쩔 수 없는 것이다. 하지만 사회가 함께 책임을 갖고 함께 위기를 넘기려는 게 아니라 신용불량자라는 신분에 대해 사회적 제약을 통해 아무것도 할 수 없는 역할 상실자를 만들어버린다.

나는 그것을 사회구성원으로서 살아가는 것을 돕는 것을 막는 사회적인 배신이라 생각한다. 신용불량자 경험을 한 나의 실직 경험은 자신감 상실 차원을 넘어 두려움, 분노, 배신, 충격, 죄책감 등 강도 높은 표현이 등장하고 있는바, 경제적 능력상실이 야기하는 심리적 정서적 위기의 일면을 여과 없이 보여주고 있었다.

곧 사회적 지위와 역할, 대인관계를 상실하게 한 것에 대한 상실감과 겉으로는 당당한 척했지만 내심 느꼈던 압박감과 무력감, 허무함에 결국 궁극적 책임을 자신에게 돌려 '지금까지의 인생에 대한 후회와 좌절, 자괴감, 스스로를 비하하는 것 등이다.

가장으로서의 역할을 수행하지 못하게 되면서 느끼는 압박감과 미안함, 그리고 가장으로서의 체면 손상, 아버지로서의 위치를 상실한 피해 의식, 부인이 혼자 가정수입을 책임지는 것에 대한 미안함, 가장의 책임을 지켜야 한다는 압박감에서 오는 중압감, 가장으로서 역할을 제대로 못 했다는 것과 자녀들에게 고통을 주었다는 죄책감, 가장의 책임을 다하지 못하는 심리적 불안, 아이들에게 공부 하나 제대로 시켜주지 못하는 아버지로서의 슬픔, 아이들 진로와 교육 문제에 대해 고민, 가장으로서 책임감 통감, 가장 역할을 하지 못하는 것에 대한 창피함 등이 나를 괴롭혔다. 그러나 무엇보다도 장기적인 실직으로 경제적인 악화가 계속되자 가장으로서의 역할수행에 위기감을 느낄 때 가족 간 갈등도 고조되어, 부부관계의 스트레스가 증가하여 아내와의 다툼도 빈번해지게 되었다.

시간이 흐르자 나는 어느 순간 마음속에 나 자신이 신용불량자 된 것이 사회 구조적 원인에 의한 것으로 책임 전가하고 있었다. 나 자신을 불행한 상황으로 이끈 장본인으로 국가정책과 사회 환경으로 그 탓을 돌리고 국가를 향한 배신감과 분노가 매우 강력하게 표출되고 있었다는 점이다. 그 이면에는 '왜 하필이면 나일까'라는 피해 의식이 깊숙이 자리하고 있음은 물론이다.

'정부 재취업 교육비 월 30만 원인데, 그러면 거기 가서 교육받고 30만 원 받으면 월세 내면 땡인데, 나머지는 뭐로 버텨? 그게 말이 돼? 병신 같은 새끼들 돌대가리들, 무슨 정신으로 법을 만드는지' 이렇게 극단적인 부정적 생각이 나를 지배하고 있었다.

특기할만한 사실은 신용불량자가 된 이후 가족의 생계를 위해 나는 보험 설계사, 방문 판매원 그리고 부업을 통해 (박스 접기 아르바이트), 막노동, 이삿짐 일, 등 실직 이전의 중산층 지위에서 하강 이동을 한 이후 다시금 중산층 지위를 회복하기까지 얼마나 절박했는지, 그 과정은 절대로 순탄치 않았음을 생생히 보여주고 있었다.

사회적 역할 상실 및 가장 위상의 약화를 경험하면서 무력감, 암담함, 한심함, 좌절, 분노 등 정서적 심리적 차원에서 다양한 위기를 경험했던 사실, 자신의 삶을 절망에 빠트린 국가와 기업을 향한 배신감과 더불어 자신의 무능력을 뼈저리게 절감했던 사실, 실직을 극복하고 재취업에 성공하기까지의 과정이 매우 험난하고 절박했던 사실 등을 표현하고 있었다.

구직활동의 힘든 경험을 하면서 부딪치는 자존심의 상처, 새로운 일을 시작하는데 역량 부족을 느끼면서 구직을 위한 노력 의지는 재취업을 위한 또는 일용직이지만 살아남기 위한 생존 형태가 되어갔다.

여가선용이나 취미생활, 사회봉사, 가족여행, 등이 이루어지는 것은 생각조차 하지 못하였다. 과거의 모든 조건은 가치하락으로 결론짓고 학력, 전공, 경험과는 상관없는 새로운 분야로 진입했다. 세월이 흐름과 동시에 연령이 증가하면서 일자리는 점점 더 떨어지기 때문에 어떠한 일이라도 주어지는 현실에 순응하면서 충실히 하고자 했다.

돌이켜 보니 나는 사회복지학을 공부하고서 생계와 어머님 병원비 마련을 위해 시작한 유통업까지는 원만하게 생활하는 직업군이었다. 하지만 본인이 욕심을 내기 시작한 제조업은 창업 준비 기간이 짧고 전문성이 결여된 채, 본인의 유통 경험만 믿고 비 경영인으로서 재무, 입지조사, 상권 분석 수익성, 등 전문성을 갖추지 않은 채 사업을 시작하였다. 이는 변화하는 시장의 흐름과 대형업체와의 경쟁에서 밀릴 수밖에 없었다. 이렇게 사업에서 실패를 겪은 후 신용불량자가 된 이후 나는 일자리를 찾지 못하고 일용직이나 노점상 같은 일들을 찾아 생존을 위한 생활을 하게 되었다.

밤에 근무하는 모텔 종사자 일을 시작했다. 아이들이 초등학생이었고 막말로 내가 아이들 때문에 어디 가서 자살할 수도 없는 상황에서….

내가 사는 집의 옆에 가내 수공업 공장이 있었는데 거기에서 1개에 50원 정도 하는 봉투 접기 부업거리를 가져다가 일자리를 마련하는 동안 쌀 살 돈은 마련해야 했다.

경제상황도 좋지 못해 시간제 근로의 확산이 되어갔다. 이 같은 현실은 노동시장에서 불안정 노동자의 증가를 가져올 수 있는데 본인도 역시 전일제보다 못하지만, 실업자로 있기보다는 나은 차선책으로 시간제를 선택하였다. 그러나 시간제 근로는 노동시장에서 생명을 유지하기 위한 생계형 유지 수준으로 주변화될 위험성이 있었다. 또한, 이러한 일자리 활동은 장기적으로는 정규직으로 변환되기 어려울 가능성이 크다. 본인의 신용불량자 경험을 토대로 고용주가 계약 형태에서 비정규직 고용을 선호하는 이유는 준 고정비용이 적게 들기 때문이다. 결국, 임금이나 사회보장이 낮은 조건의 근로로 연결될 가능성이 크고, 비용이 낮은 계약 형태를 선호한다는 것이다. 시간제 일자리가 상대적으로 낮은 임금을 받는 문제는 시간제 일자리의 직종이 깊은 관련이 있다. 본인도 결국, 근무 조건이나 임금, 개인의 능력과 의지에 따라 직업을 선택하지 못하였다.

나는 무조건 시간당 만 원을 벌어야 한다고 생각했다. 그래야 25일 일을 하고, 한 달에 200만 원 이상을 벌어야 했으니까.

박사학위 논문 연구 과정 중 인터뷰 과정에서 신용불량자분들이 말씀해 주신 자신들이 경험한 직업 형태를 보면, 생산성이 낮은 내수 부문에 종사하였다. 심각한 불경기를 통해 점차 상대적 빈곤자로 전락하여 평등주의 의식구조가 강한 우리나라에서의 상대적 빈곤감을 더욱 크게 경험하였다는 것이다.

한국사회의 빈곤을 연구 참여자들이 구전으로 들어왔다면, 연구 참여자들이 경험한 신용불량자로서 경험한 빈곤은 자신들의 삶의 경험을 보여준다. 자신의 신용불량자 신분으로 인해 가족들은 경제적 빈곤을 경험하게 되었고 자신은 저임금, 장시간, 고위험, 비정기의 불완전 노동에 종사하게 되었다.

빚 갚으려고 전깃줄 묶는 것 1가닥에 일당 1원짜리 일을 했어요. 내가 일하면서 밤에 상사하는 일을 했지. 여동생이 얻어 준 단칸방 뒤에 방을 만들고 기존 방을 헐어서 가게를 만들어서 장사를 시작했어.

신용불량자 경험을 한 분들의 위기 극복 경로 중 하나는 '떡볶이 노점상, 막노동, 분식집, 인테리어, 농사, 보험업, 이삿짐일, 콩나물 해장국집 등에서 발견되는 실직 이전의 중산층 지위에서 하강 이동을 한 모습이었다. 이것은 다시금 중산층 지위를 회복하기까지 참여자들의 노력이 얼마나 절박했는지 더불어 그 과정은 결코, 순탄치 않았음을 생생히 보여주고 있다.

신용불량자가 되어 빈곤층으로 계층 하강이 된 나는 자살 충동 및 우울증 등 매우 극단적 불안에 직면했던 것이 사실이다. 사회적 역할 상실 및 가장 위상의 약화를 경험하면서 무력감, 암담함, 한심함, 좌절, 분노 등 정서적 심리적 차원에서 다양한 위기를 경험하기도 했다.

사실, 나 자신은 가족의 생계를 위해 실직을 극복하고 재취업을 반복하며 생존해 나가기까지의 과정이 매우 험난하고 절박했던 사실 등을 누구에게도 표현할 수 없었다.

구직활동의 힘든 경험을 하면서 부딪치는 자존심의 상처, 새로운 일을 시작하는데 역량 부족을 느끼면서 구직을 위한 노력 의지는 '재취업을 위한 또는 일용직이지만 살아남기 위한 생존 형태가 되어갔다. 여가선용이나 취미생활, 사회봉사, 가족여행, 등이 이루어지는 것은 생각조차 하지 못하였다.

본인의 학위논문 연구에 참여한 분 중 일부가 경험한 직업들을 정리하면 다음과 같다.

참여자 1	박스공장일, 박스공장 소장, 수산물가공품 대리점, 노가다, 현장 식당 운영, 건축일 배움, 건축 분양사업 집수리일, 반찬가게, 붕어빵가게, 도배일
참여자 2	의료기 유통회사, 주차관리, 대리운전, 튀김 공장취업, 택시기사, 노가다, 택배업, 우유배달
참여자 3	분식집, 닭집, 콩나물 해장국집, 보험영업, 핸드폰 판매영업
참여자 4	미용사, 식당 주방일, 호프집, 보신탕집 운영, 룸살롱 주방 업무, 호프집, 분식집, 음식물쓰레기 처리기 판매
참여자 5	시계공장 취직, 술집 웨이터, 백화점 매장 근무, 포장마차 운영, 옷가게 운영, 이삿짐센터 근무

연구 참여자들은 창업 준비 기간이 짧고 전문성이 결여된 채, 본인의 경험만 믿고 비 경영인으로서 재무, 입지조사, 상권 분석 수익성, 등 전문성을 갖추지 않은 채, 사업을 시작하였다. 이는 변화하는 시장의 흐름과 대형업체와의 경쟁에서 밀릴 수밖에 없었다. 이렇게 사업에서 실패를 겪은 후 신용불량자가 된 연구 참여자들은 일자리를 찾지 못하고 일용직이나 노점상 같은 일들을 찾아 생존을 위한 생활을 하게 되었다. 시간제 근로의 확산은 노동시장에서 불안정 노동자의 증가를 가져올 수 있는데 역시 전일제보다 못하지만, 실업자로 있기보다는 나은 차선책으로써 시간제를 선택하였다.

시간제 근로가 노동시장에서 생명을 유지하기 위한 생계형 유지 수준으로 주변화될 위험성이 있었다. 이러한 일자리 활동은 장기적으로는 전일제로 변환되기 어려울 가능성이 크다.[21]

---

[21] Yerkes, M. & Visser, J, 『"Women's preferences or delineated policies? The development of part-time work in the Netherlands, Germany and the United

고용주가 계약 형태에서 비정규직 고용을 선호하는 이유는 준 고정 비용이 적게 들기 때문이다. 즉, 임금이나 사회보장이 낮은 조건의 근로로 연결될 가능성이 크고, 비용이 낮은 계약 형태를 선호한다는 것이다. 실제로 OECD 국가 대부분에서 시간제의 시간당 임금은 낮았으며(외교통상부), 전일제 고용 여성 대비 시간제 고용 여성의 시간당 임금 수준이 낮았다.

"내가 새벽 두 시에 가게 출근을 해서, 주차관리 차량 관리를 아침 10시에서 11시 사이에 일이 끝나면 용인수지에 산골짜기에 '고깃집'으로 이동을 해. 12시부터 오후 3시까지 주차 일을 봐줬어요. 거기서 시간당 만 원씩 해서 3만 원을 벌고 거기가 좋은 건 거기서 밥을 줘요. 그럼 내가 밥값이 안 들잖아. 하하하. 그리고 거기서 퇴근해서 자 그럼 4시경 잠이 들면 아 일이(대리운전 요청) 나오면 나한테 전화가 와. 그다음에 대리운전 시작이야, 어떤 때는 잠 못 자고 나온 날도 많아요."

"그것도 텃새가 있대! 거기서 상인들한테 구박을 당했어, 쫓겨났어. 포장마차를 구청에서 싣고 가요. 난, 벌금 20만 원 내고 또 갖고 와야 해요. 붕어빵 기계를 빌리면서 재료까지 해서 내가 4할 먹어요. 6할이 나가고 시장 입구에서 노점상 하는데 하루 깔세가 3만 원이에요. 4만

Kingdom』, (In Boulin et al. eds. Decent working time. Geneva" ILO. 2006), pp. 256-257.

원을 벌면 3만 원을 그날 깔세를 주고 만 원 남는다고. 기가 막혀서."

이처럼 나 자신을 돌아보니 당시에 나는 시간제 일자리밖에 선택할 길이 없어서 상대적으로 낮은 임금을 받았으며 그 선택은 계속해서 시간제 일자리의 직종이 깊은 관련이 있는 직업만 선택하게 되는 원인이 되어만 갔다.

대부분은 근무 조건이나 임금, 개인의 능력과 의지에 따라 직업을 선택하지 못하였고 끝없는 추락으로 나 자신은 무력감과 자존감의 상실로 자살을 생각하게 되었다. 죽고 싶을 정도로 괴로운 경제적 문제를 벗어나고자 일자리를 찾고자 시도했지만, 번번이 정규직이 아닌 일용직만 선택할 수밖에 없어 자신의 힘으로 희망하는 일자리를 찾을 수 없음을 깨닫고 있었다.

나 자신도 신용불량자가 된 이후 선택한 직업군을 통해 보면, 생산성이 낮은 내수 부문에 종사하였고, 심각한 불경기를 통해 점차 상대적 빈곤자로 전락하여 평등주의 의식구조가 강한 우리나라에서의 상대적 빈곤감을 더욱 크게 경험하였다는 것이다. 사업실패와 과다 부채 등으로 생활 불안에 노출된 나는 다시 유사업종에서 재창업을 할 수는 없었다.

신용불량자 문제는 생계 불안에 대한 우려, 확산 등 사회적 문제로 부각되고 있는데 생계를 위해 종사했던 직업군은 저소득계층 중 음식, 숙박업, 도, 소매업 등 사양화의 길로 접어들거나 경쟁이 심한 업종에서 영세한 규모의 사업장에서 종사한 것이었다.

그로 인해 나와 내 가족은 소득 저하의 악순환으로 부채증가와 만성적인 생활 불안을 초래했다. 문제는 신용불량자가 되기 전에 상태인, 우리 가족이 경험한 전문적인 직업군으로 재취업을 원하고 있지만, 여건이 여의치 못해 새로운 일자리를 계속해서 찾을 수밖에 없는 현실이었다. 그렇게 구직활동을 통해 취직하는 곳은 음식점, 소매업, 숙박업에서 높은 비중을 보이는 특징이 있는데 그 업종들의 경우는 특별한 기술이 필요 없고 진입장벽이 낮기 때문인 것으로 분석된다. 반대로 너무 동종업종이 많아 구직경쟁이 벌어지다 보니 임금은 낮을 수밖에 없었다.

먹고 살기 위하여 일자리를 찾아다니며 불안하고 초조했으며, 회복될 희망이 보이지 않아 막막하고 피가 마르는 심정으로 거리를 헤매며 애간장을 녹이며 방황했다. 또한, 장기적인 불황과 안정적인 정규직 일자리를 찾지는 못하고 나이를 먹어가는 것에 불안해했다.

신용불량자가 된 이후 가족생활과 삶에 대한 희망이 상당히 악화한 것 이후 가장 눈에 띄는 점은 가정불화를 들 수 있다.

배우자의 신경질이 증가하였으며, 건강 악화, 수면장애, 식욕 저하 등 신체적인 특징이 두드러지며 부부관계에서는 싸움이 증가하고, 부부 대화는 없었으며, 친척 간 왕래도 감소하여 가족 전반에 영향을 미치고 있었다.

일반 정규직에는 신용불량자라는 신분으로는 그 어느 직장에도 취업할 수 있는 제도가 마련되어 있지 못하다. 우리나라 현실에서 계속 증가하는 영세자영업자의 경우, 자영업자가 너무 많아 출혈경쟁을 하다 보면 사업에 실패하여 신용불량자로 전락하거나 가족이 해체될 수 있다. 즉, 영세자영업자 계층의 신용불량자를 막으려면 정부 차원에서 자영업자를 지원하는 전담부처를 마련해야 한다.

셋, 돈의 중요성

신용불량자로 고통받고 있던 나는 가족 간의 친밀감 부족 또는 개인의 자존심으로 가족들에게 본인이 겪고 있는 경제적 고통과 심리적, 정신적 고통을 알리지 않은 채 홀로 견뎌야만 했다. 역경에 처했을 때, 돈이 갖는 의미는 벼랑 끝에 몰린 나에게 역경은 치명적인 타격으로 다가올 수밖에 없었다. 경제적으로 심각하게 손상된 상태에서 다시 일어설지 뾰족한 수가 없었기 때문이다.

돈은 매우 중요하다. 돈이 없으면 주택에 거주할 수 없고, 차도 유지할 수 없으며, 끼니를 거를 수도 있다. 무언가를 하기 위해서는 반드시 돈이 필요하다는 것은 명백한 사실이다.

심리학자인 미하이 칙센트미하이는 〈몰입〉이라는 저서의 자료를 수집하는 과정에서 사람들에게 자신을 행복하게 만들 수 있는 단 하나의 변화가 있다면 무엇인지를 물었는데 가장 많은 대답이 돈이었다. 많은 사람에게 돈은 삶의 중요한 원동력이다(조용만 2009).

대안이 없었다. 세금체납으로 신용회복이 되지 못하였다. 어쩔 수 없었다. 세금 낼 돈 있으면 생활을 하지, 세금은 감액도 없다. 오히려 연체료가 늘어날 뿐, 완불 능력이 없는데, 매달 세금 내면 생활은 무엇으로 하나? 일용직 급여로 턱없이 모자라, 숨쉬기도 힘든데, 정부에서 지원해 줄 것이 없다. 정책적으로 그 대상자에 해당하는 것이 하나도 없었다. 그냥 죽어야 하는 존재, 그러나 그 용기도 없었다.

채권을 위탁받은 업체에서는 계속 전화 독촉이 왔다. 와이프 명의에 아파트가 발리 경매로 처분되어야 재산 자체가 서류상 없게 되어 개인파산이라도 되는데 그 이전에는 우린 자격이 안 되었다. 빨리 우리 사는 아파트가 경매되기를 바라는 어이없는 현실 속에서 살아가야 했다. 아주 죽을병이 걸려야 해. 난, 너무 힘들었는데, 이게 밑바닥에 물 붓기 식이라서 더 이상 처갓집 가족한테 손 벌릴 수가 없었다.

나에게는 본가가 어머님도 안 계시고 재개하신 경제력 능력 없는 아버지밖에 없고 난 도움을 받을 곳이 없었다. 난 도움 받을 생각이 없었다. 그냥 100원 벌면 100원어치의 삶을 살려고 했을 뿐, 정부에다 이야기해 봐야, 내가 해당하는 사항이 없었다.

국세를 완납할 때까지 신용을 회복할 수가 없던 이유는 계속 내 발목을 잡았다. '그 많은 돈을 못 갚으면 죽어야지, 그 많은 빚 갚을 돈이 있으면 생활비로 사업자금을 쓰지, 어느 정도 살길을 만들어 줘야 하는데 이것들 제도도 없고 미친 새끼들.' 나는 점점 사회에 대한 불만이 커져만 갔다.

돌이켜 보니 나 같이 돈이 정말 필요하다고 발견한 유일한 부류는 소득 피라미드의 최하층에 속한다. 소득이 낮은 사람들 사이에서는 돈과 행복 사이에 매우 강한 상관관계가 존재한다. 일반적으로 아주 가난한 사람은 가난한 정도가 덜한 사람에 비해 행복지수가 낮다. 이러한 상황에서 돈은 중요한 의미를 갖는다. 돈이 거의 없던 나에게 처갓집에 지원해 준 약간의 여유 자금은 그날 벌어 그날 먹고사는 삶에, 보다 안정적인 미래를 계획할 수 있게 하였다.

넷, 경제적 어려움이 주는 생활 변화

국세체납에 있어서 신용회복이 안 된다고 해서 나는 무너지고 있었다. 못 먹던 술을 입에 대기 시작했다. 내가 그렇게 술을 잘 먹을 줄 몰랐다. 먹어도 취하지 않았다. 소주를 1병, 2병, 3병을 먹어도 정신은 멀쩡하고 주위 사람은 술에 취해 혼수상태가 되어갔다.

술을 먹을 때면 나는 술을 먹고 폐인이 되어갔다. 소주를 5병 먹고 집에 가는 지하철에 자기도 하고, 술을 많이 먹어서 급성 췌장염 때문에 응급실로 가기도 하였다.

공황증이 오기 시작했다. 어두운 터널을 들어가면 숨이 막혀 왔다. 대인기피증이 생겼다. 그런데, 아무런 치료 도움도 못 받았다. "정부 재취업 교육비 월 30만 원인데 그러면 거기 가서 교육받고 30만 원 받으면 한 달 급여가 30만 원? 그러면 나머지는 뭐로 버틸 수 있는가? 그게 말이 되나?" 내가 동사무소 가서 한번 물어보았다. 두 번 다시 알아볼 생각을 안 했다.

나는 이혼은 하지 않은 채 상실감, 우울, 자괴감 같은 부정적인 감정들을 완전히 해소하지 못한 채, 자녀 양육 역할수행에 몰입하게 되었다. 즉, 자녀에 대한 책임감 때문에, 이혼 생각은 못 하고, 신용불량자라는 정신적 충격에서도 빨리 마음을 다잡으며 제자리로 돌아올 수 있었던 것은 자녀 양육에 대한 책임감 때문이었다.

그동안은 자살을 생각하고 과거에 집착하여 삶을 후회하고, 오랜 세월의 허탈함으로 소망을 포기한 채 살아가다가 자녀의 얼굴을 떠올리며 긍정적인 삶의 전환점이 되어 희망을 가지게 되었다.

'옛날처럼 살려면 안 되지, 어떻게 옛날처럼 회복하겠는가?' 다시 죽으나 사나 한 번 해보려고 했다. 나는 이혼 당할 것을 각오하고 다시 사업을 해보려고도 하였다. 몇 년 후 계속 지금 이 일을 하고 있으면 가족에게는 희망이 없는 것이기에, 그래서 뭔가 돌파구를 찾아보고 재기해서 일어서려 노력했다. 옛날처럼 가족들과 외식하고 여행하고 저축하고 이런 것은 생각조차 안 하고 다만 내가 아이들을 위해 부끄럽지 않은 모습으로.

그런데 내 주위에 신용불량자가 너무 많았다. 그런데 그들이 노숙의 삶을 살아간다. 그런 사람들이 굉장히 답답해 보였다. 어떻게 해서든 조금씩이라도 우선순위를 정해서 어떻게 하든 빨리 신용불량자에서 벗어나야 할텐데.

사회활동의 부적응

신용불량자라는 신분은 견디기 힘든 절망적인 심리적 고통을 안겨 주었다. 신용불량의 원인이 마치 나 자신의 잘못 때문인 듯 주변에서 어떻게 말할까 하는 걱정이 앞섰고, 수치심에 어디론가 자꾸 아무도 안 보는 곳으로 숨어버리고 싶었다.

신용불량자라는 나 자신이 주변에 알려질까 노심초사했으며 스스로 소외감을 느끼고 대인기피 현상을 보이기도 하였다.

신용불량자로 살아가다가 통닭집 일용직 배달업을 하는 동안 일하는 직원 중에서 나와 같은 신용불량자를 만났다. 그런데 나에게 절대 사장에게 다른 직원들에게 이야기하지 말라는 것이었다. 그리고 본인이 3년간 숨어서 지내온 이야기를 하였다.

"산에 가서 움막에서 살았어요, 허허허", "튀김 공장에 처박혀 있으면서 밖으로 나가지 않았지." 요즘에는 "게임에 몰두하다 보니까 내가 사이버 PC 공간에 빠져 살았지.", "다른 생각은 하지 못했어요. 그러다가 이렇게 닭 배달업에 와서 있는 거예요."

신용불량자 기간이 점차 늘어나자 나는 마치 은둔형 외톨이처럼 점차 외부와 접촉을 하지 않기 시작했다. 이와 마찬가지로 본인이 연구한 박사학위 논문을 인용해보면 연구 참여자들의 특징들은 절망감과 허무감에 빠지기 쉽다는 것이다. 그래서 죽음에 유혹되기도 하고, 마음에 병 때문에 절망하고, 자살에 관한 생각을 깊이 하게 되는 것 같다(이성동 2009). 이는 세상으로부터 사람들로부터 이해받지 못한 채 하루하루를 견디는 신용불량자의 안타깝고 슬픈 마음이 그대로 녹아 있었다.

실제로 은둔형 외톨이가 자신이 하고 싶은 것을 명확히 밝히는 것은 매우 드물다. 자신이 어떻게 해야 좋을지 모르기 때문에 은둔하고 있는 것이다. 참여자들의 예를 들면, 참여자들이 그냥 편하게 현재 상태에 안주하고 있느냐 하면 그렇지도 않다. 상당히 초조해하면서 어떻게 해야 벗어날 수 있는지 그 방법도 모르고, 또한 안다고 해도 잘 되지도 않고, 잘 할 수 있다는 자신감도 없었다.

은둔형 외톨이는 은둔하고 있는 동안 정말로 아무것도 하지 않는 것일까? 무력과 비슷한 의미로 사용되는 무활동이라는 단어가 있는데 이는 정신분열증으로 장기 입원하는 경우에 흔히 보이는 증상이다. 스스로 아무것도 적극적으로 하고 싶어 하지 않는 자발성의 저하, 항상 멍한 인상을 주는 감정둔마(感情鈍痲), 주위에 대해 완전히 마음의 문을 닫아버리는 자폐 등의 증상을 말하는 정신의학 용어이다(이성동 2009).

하나, 알코올중독자가 되다

　가족은 서로의 차이를 인정하고 가능한 비난은 피하고 자신의 감정과 행동에 대한 책임을 질 수 있어야 하기 때문이다. 하지만 나는 감정표현이 점점 폐쇄적이며 지극히 제한적인 의사소통만 하였으며 서로의 차이를 인정하지 않아 전혀 가족 레질리언스를 유지하지 못하고 있었다.

　"마누라가 뭘 알아, 내가 다 알아서 해야지, 도저히 일이 풀리지를 않아" 거꾸로 화를 더 많이 내버렸다. 미래가 없다고 보고, 답답했다. 이 모양, 이 꼬라지가.
　나는 점점, 신용불량자가 된 원인에 대하여 사회에 대한 책임 전가, 책임 회피 등 자신을 보호하는 방어기제의 한 방법으로 나 자신에게는 문제가 없고 사회 구조적인 문제가 있다고 생각하였다.
　나는 "엔화 대출을 받았는데 700원일 때 받았는데 1,200원이 되었다. 원금이 올랐어." 내 잘못이 아니다. 너무 억울하였다. 술만 먹으면 어느 순간 죽으려고 피가 거꾸로 솟았다.

　나는 일자리조차 알아보지 않고 집에 있던 우울증에 빠진 와이프를 향해 무시, 멸시하는 태도와 행동으로 상대방을 평가 절하시키는 말투로 상대방에게 상처를 주며 부부 사이의 골은 깊어갔다. 그리고 세상살이가 내 뜻대로 되지를 않아 남들이 나의 입장에서 보면 얼마든지 그럴 수 있다고 생각해주기를 바라는 '당신의 입장에서 보면 당신의 말이 맞아요.'라고 인정해 주기를 바랬다.

나는 와이프의 입장이 되어 보고 상대방이 어떻게 생각하며 어떻게 느끼고 경험했는지를 상상해 보아 부부의 분리된 감정을 공감했어야 하는데 그렇게 행동하지 못하였다.

둘, 자살을 시도하다

신용불량자가 된 이후 나는 많이 놀란 것이 아니라 아무 생각이 없었다. 눈물이 하염없이 나기만 하고, 인생 참, 허무하였다. 내 인생이 뭔가 '내 팔자 참 기구하구나' 별생각이 다 들었다. 자살까지 생각해 보았다. 일체 앞이 캄캄한데 그때만 생각하면 기가 막히고. 죽는 것도 그렇게 죽는 것은 아니고 죽을 사람은 따로 있는 것 같았다. 죽을 용기가 나지를 않았다.

나는 전 재산을 소진한 채, '죽고 싶다.' 절망과 슬픔, 비참함, 고독감, 자포자기의 삶을 살아가고 있었다. 한 마디로 Buttom Feeder(밑바닥 인생)의 눈물 나는 고통의 삶을 살아가고 있었던 것이다.

나는 가족에게 미안한 마음과 나 자신 스스로의 자긍심 결여에서 오는 상실감으로 자살을 해보려고 했던 것이다. 그러나 내가 자살을 시도했다는 것은 오히려 남겨진 가족들에게는 가장 큰 고통스러운 것 중 하나이다.

아파트 추가 대출을 받아서 일억을 또 투자했는데, 투자금을 한 푼도 못 건졌다. 마음속에서 '이제 죽자, 삶이 너무 힘들어서 못 견디겠다.'라며 죽으려고 한강 다리에 갔는데 시퍼런 물이 너무 무서웠다. 슬프고 괴로워서 술만 먹으면 어느 순간 펑 돌아가지고 다시 죽고 싶은 마음 때문에 괴로웠다.

나는 전 재산을 소진한 채, '죽고 싶다, 더 이상 살 이유가 없다, 평생 이렇게밖에 살 수 없는가. 주위에 폐만 끼치고 있다.' 등등의 절망감에 사로잡혀 있었다.

왜 살아가지 않으면 안 되는가? 이 질문은 철학적인 문제이고, 쉽게 답할 수 있는 것이 아니다. 때에 따라서는 죽을 권리도 인정해야 한다고 주장하는 사람도 있을 것이다. 자살 문제의 궁극적 차원은 '자아'와 '관계'이다(박형민 2010).

빚과 빚 졸림, 투자나 사업실패, 실업 등으로 인한 불안정한 생활과 갈등 상황, 누적된 생활의 불안정과 그와 연관된 내 가족들을 위해서 나는 직업 전환이 빈번해지고, 실업 등으로 인해 소득의 불안정성이 커지게 되면서 부채증가와 함께 가계와 개인의 심리적 부담이 야기되었다.

셋, 부부 갈등이 증폭하다

회상해보니 그동안 나의 삶은 가족 구성원의 신뢰를 바탕으로 가장으로서 배우자와 한 가정의 일을 상의하고 계획하고 자녀 양육을 위한 생활비 지원 등 남편, 아버지로서 역할은 전혀 이루어지지 못하였다. 또한, 연구 참여자들 자신의 일방적이고 불안정한 방식으로 가정생활을 유지했다.

남자와 여자가 서로 다르고, 통계청의 '2014년 혼인·이혼 통계'에 따르면 이혼하게 된 사유로는 '성격 차이'가 42%로 1위를 차지한 것을 보면 서로 다른 성과 성격 차이의 연합은 쉽지 않기 때문이다(통계청, 2014).

나는 가족 내부의 경계가 확고한 체계를 유지하면서 독단적으로 본인들이 원하는 방식으로 행동했으며, 자존심을 버리지 않은 채 가정에서 하고 싶은 것을 주도적으로 하는 편이었다. 그러나 가족들은 신용불량자가 된 나를 그대로 인정하고 적극적으로 지원해 주었다. 이전에는 가족과 정서적 연대감을 이루지 못하였으나 긍정적인 가족의 지지를 통해 잘 기능하는 가족으로 변화되어 구성원 사이의 명확한 경계인 부부간, 자녀 간의 경계를 유지하고 나에게 아이들은 제 생각, 감정들을 표현하고 행동으로 책임질 수 있게 되었다.

처갓집을 갔다가 아버님께서 빨리 채권자들 찾아가서 부채 정리하라고 말씀하셨고, 애들 교육비라도 해야 한다고 쌀과 반찬 등도 계속 지원해 주시면서 용기를 주셨다.

우리 가족은 와이프와 아이들 모두 레질리언스가 상당히 강한 것 같았다. 그 이유는 위기에 기능적으로 오래 참으면서 잘 대처해 나갔기 때문이다. 처갓집에서 아버지가 채무 일부분을 변제하여 주심으로서 신용불량자의 삶을 살아갔지만 죽지 않고 견디며 살 수 있는 마지막 버팀목이 되었다. 만약에 부모님의 경제적 지원이 없었다면 이미 우리 가족은 잿가루가 되고 말았을 것이다.

더 나아가서 아이들은 남들의 눈치를 보며 갈등하였고, 혹여 깨질지도 모를 부모의 결혼생활을 붙잡아 주어야 한다는 압박감에 시달리는 것 같았다. 내가 망한 후 생활비를 주지 못하게 될까 봐 온종일 이리저리 일자리를 찾아야 했고, 사업을 하는 동안 배우자에게 보증을 서게 한 것 때문에 와이프의 부채도 감당할 수 없이 계속 늘어나기만 하였다.

신용불량자라는 위기의 순간에 경제적 어려움으로 예상하지 못한 어려운 당면한 문제들에 대해서 나와 가족들은 서로 더욱 고립되어 갔으며 각자 스스로 생계를 돌보며 살아가야만 했다.

"열심히 일했는데, 월 백만 원을 못 버는 상황에 죽고만 싶었다. 와이프는 너무 착한 사람인데 '뭐든지 부딪쳐서 살아가겠다'라는 나와는 성격이 너무 달랐다. 소극적이고, 남을 너무 의식하며 살았기에 나는 점점 더 와이프랑 대화의 장벽이 단단해져 가기만 했다."

가정불화는 가족 구성원 중 갈등을 불러일으키는 '유발자(신용불량자)'가 된 나에게 와이프가 나에 대해 분노를 표출하면서 시작되었다. 경제적 어려움으로 우리 가족은 누군가가 별것도 아닌 일에 필요 이상으로 과민반응을 보이기도 했고 과거 케케묵은 오랜 감정 때문에 갈등을 불러일으키는 일이 빈번해졌다. 가족 중 감정이 격해졌을 때 잠깐의 숨 고르기를 통해 한 발짝 물러나 가족이 이성을 되찾을 수 있도록 돕는 것이 가능하여야 했지만, 과연 가족 중 누군가가 침착할 수 있을까?

계속된 부부 갈등은 나와 와이프의 결혼 만족도를 저하하는 일차적인 요인이 되었으며, 남편이라는 역할에 대해 어려움을 참고 견디다가 결국은 집을 나오거나 늦게 귀가하는 일이 빈번해졌다. 우리 가족을 위해 다른 가족 그 누구도 중재하거나 조력자 역할을 해줄 수 있는 준 가족 구성원은 아무도 없었다.

신용회복 과정 경험의 신용회복 의지

하나, 역경을 극복하기 위한 협력

신용불량자가 된 내가 신용회복이 가능하였던 것들을 회상해 보니, 신용불량자라는 위기 상황을 겪고 있는 우리 가족 구성원에게 내, 외적 지원이 얼마나 잘 지지해 주고 있는가와 관련되어 신용회복 기간은 단축될 수 있었다. 처가 집 가족들은 레질리언스(resilience)가 있는 가족으로서 우리 가족에게 다양한 정서적, 경제적 자원을 적절히 지원하였다. 이는 처형들까지 하나하나가 서로의 지원방안을 공유하고 적극적으로 신용회복을 하는 데 지원해 준 것이다.

가족의 경제적 지원을 받은 나는 나 스스로 신용회복을 하기까지 개인의 힘으로는 도저히 가능하지 못하였고, 자녀, 부모, 배우자, 친척들의 경제적 지원이 가장 큰 힘이 되었음을 고백한다.

가족이 나를 이렇게 지탱하는 힘이었다. 와이프가 애들 때문에 산다고 하였다. 그 순간 우리 아이들 얼굴이 뭐랄까 싹 스치는 것이었다. 결국, 내게 가장 큰 힘은 아내였다. 그리고 가족이 아니었으면 지금의 나는 없었을 것이다. 난 노숙자가 되었을 것이며 처가집 도움이 없었다면 술독에 빠져 난 이미 폐인이었을 것이다. 아니, 어쩌면 자살했을 것이다. 무엇보다도 가족이 제일 나를 붙잡게 하는 힘이 되었고, 처갓집 부모님이 도와주시지 않았으면 힘들었다.

가족이 위기 상황에서 내, 외적 자원 중 가족들의 경제적 지원은 힘든 신용불량자의 삶을 견디고 신용회복이 되는 동안, 나에게 곧 신용회복 되리라는 희망을 품게 하는 긍정적인 에너지가 되었다. 가장 훌륭한 치료자는 환자의 상처를 치유하는 것으로 그치는 사람이 아니라 강점과 미덕을 파악하여 계발할 수 있도록 이끄는 사람인 것처럼 가족의 경제적 지원은 위기를 극복하게 해주는 가장 큰 치료자이다.

한국모자보건학회지 2007년 7월호 기사를 인용하면, 임산부들은 그들의 걱정과 관심사를 들어주는 남편, 친정 가족과 같은 사회적 지지가 있을 때, 그들의 감정을 생각해주는 사람이 있을 때 산후우울증 발생률이 낮았다는 발표가 있었다.

고통스러운 순간이라도 가족 구성원들의 지지와 상호협력은 나 자신이 신용회복을 하는 의지를 가지게 하는데 안전감과 결속력을 증진시켰다. 그 영향으로 나는 상실의 고통을 극복하는 과정에서 삶에 대한 이해와 수용의 폭이 넓어지고, 현재 상황에 대한 감사를 느끼며, 상실한 이를 대신하여 새로운 역할수행을 습득하는 등 긍정적 변화를 경험했다. 우리 가족이 하루하루를 살아가면서 과거의 행복한 생활로 돌아가기 위해서는 '다시 살아가자'라는 목적의식이 정서적인 회복력이 정말 중요하다. 때로는 삶의 지쳐있던 나는 신용회복 의지를 포기한 채 자포자기식의 부정적인 삶을 살지 않도록 가족들의 지속적인 긍정적인 지지의 영향을 받아 자발적인 동기에 의해 신용회복 의지를 다짐하였다.

 와이프가 "노력하다가 망한 것은 할 수 없어, 괜찮아"라고 나를 위로했다. 나는 내 아이한테 편부, 편모 상태에서 컸다는 소리를 안 듣게 하고 싶었고, 정상적인 가정을 아이들한테 주고 싶었다.

 신용불량자 위기에서 가족의 지지를 통해 나 자신이 어떻게 해석하고 의미를 부여하는가가 신용회복 의지에 아주 크게 작용했다.
 나 스스로 역경을 가족과 함께 이겨낼 수 있다는 믿음을 가지고 있어서 역경을 잘 이겨낼 수 있다. 사람이 살다 보면 역경도 있고 실패도 있는 법이다. 그러나 그 역경을 어떻게 극복하느냐가 인생을 살아가는데 더 중요한 요인으로 작용한다.
 특히 그 위기를 극복하는 과정에서 개인을 돕는 가족의 지지는 그 영향이 더 크다고 할 수 있다. 나는 신용불량자가 되면서 또 다른 가족, 아이들 교육 문제, 와이프의 삶의 희망이 없음에 우울증이 생기는 등의 위기에 직면하면서 위기상황을 극복하기 위한 대안이 절실히 필요했다. 직면한 가족 위기를 극복하기 위해 도움받을 수 있는 지지체계란 오로지 처가집이었고 그 지지는 신용회복으로 가는 마지막 희망의 끈이었다. 그렇지만 나를 힘들게 하는 것은 일자리를 구할 때 반복되는 선택의 여지가 없는 절박한 상황에서 신용불량자라는 신분보다, 신용불량자를 바라보는 사회의 부정적 시각과 사회에서 낙오된 인생의 실패자라는 부정적인 편견과 심리적 위축이 더 마음을 무겁게 하였다.

경제적 수입도 너무 낮아 와이프가 본인 카드로 부족한 생활비에 대해 계속해서 돌려막다가 나와 함께 신용불량자가 될 위기를 겪기도 하였다. 그런 와이프를 보면서 점점 심리적으로 위축되어 가던 나는 모든 것을 체념한 채, 가족을 버리고 산속에 가서 움막을 짓고 살고 싶은 마음이 생겼다. 그래서 자꾸 술을 먹고 세상을 원망하며 자포자기의 인생을 살고만 싶었다. 하지만 와이프는 가슴에서는 본인도 참기 힘든 화와 우울증이 가득했지만, 끝까지 포기하지 않고 나를 격려하며 위로했다.

처가집 도움 다 받았다. 방법이 없었다. 도저히 내 개인적으로는 경제적 위기에서 부족한 생활비 감당은 역부족이었다. 처갓집에서 어머니가 집을 팔아서 돈을 마련해 주시면서 우선 급한 불부터 끄라고 하시는데 나의 마음은 미칠 것만 같았다. 너무 죄송해서. 눈물 흘리시면서 계속 아프지 말아라, 위로하시는데 흐르는 눈물을 주체할 수 없었다.

긍정적으로 대처한 우리 가족의 모습에서는 신용불량자로 살면서 어려움을 겪은 것이 오히려 가족의 존재에 대해 소중함을 깨닫게 하였다. 애틋함, 애정, 소속감을 느끼며, 서로의 믿음을 가지고 사업실패에 대해서도 가족과 조화를 이루며 살아가는 것을 볼 수 있었다. 결국, 신용불량자 삶을 경험한 가족이 그 역경을 잘 이해하고 의미부여하며 가족 결속으로 대처해 나갈 때, 신용회복을 돕는 레질리언스는 강화될 것이다.

그 힘들 때 아이들 얼굴이 떠올라 죽을 수 없었다. 그래서 나 하나 희생시키는 것이 낫다고 생각했다. 그리고 견뎌냈다, 지난 삶은 다 잊기로 하고, 와이프한테, 애들한테, 미안한 마음뿐인데, 내가 인생 다시 출발하지 싶어서 처음 시작한 것이 보험업이었다. 그런데 내가 열심히 일했는데도 월 이백만 원을 못 벌고 말았다. 노가다, 택배 알바, 우유배달, 채소 나르기 편의점 알바, 막걸릿집 주방보조까지, 온갖 것들을 다 해보았다. 고정적인 수입이 없었다. 너무 시간에 맞추어 쫓겨서 일하다 보니까 굉장히 육체적으로 부담이 되었다.

처음 5개월 동안은 그 일만 하고 다른 일은 아무것도 하지 못했다. 새벽 4시에 출근해서 새벽 1시까지, 노동력의 강도가 너무 심해서 아무 일도 하지 못했다.

한순간에 신용불량자가 된 것에 너무너무 힘들 때마다 특히 아이들에게 학원 포기, 먹을 것 포기, 옷 사주기 포기, 너무 가엾어서 아이들을 바라보며 와이프는 며칠 밤을 울었는지 모른다. 그 순간에도 나를 위로해 주었다. 우리 가족이니까, 견뎌보자고, 초등학교 6학년이 된 큰딸이 구두 속에 출근할 때면 작은 쪽지에 '아빠 힘내'라는 문구를 적어 놓는다. 그럴 때면 내 두 눈에서는 하염없는 눈물이 주르륵주

르륵 흘러내리기 바빴다. 현실은 인생 밑바닥을 긴 거지만, 세상이 어떤 건지 내가 눈으로 보면서 '이렇게 열심히 사는 사람도 돈을 못 버는구나. 이게 세상이구나'를 깨달았다.

신용불량자가 된 이후 자녀를 키우는 것은 우리 부부에게 보통 때보다 훨씬 더 크게 가슴을 아프게 하고 삶의 의욕을 상실시키는 부정적인 기분을 경험하게 하였다.

두 딸을 보니까 내가 뭐랄까 싹 스쳤다. 가족이 나를 이렇게 지탱하게 한 가장 큰 힘이 된 것이다. 참 인생이 어찌 이렇게 하루아침에 극과 극이 될 수가 있는가? 여기서 내가 내려놓지 않으면 내가 살아갈 수가 없었다. 이제 나를 내려놓는 것에 마음을 쏟자. 살아야겠다는 강한 의지가 내게 다시 생겨났다. 아무리 그래도 내게 와이프가 함께 없었으면 난 이미 산송장이었다. 와이프를 생각하면 눈물만 난다. 미안해서, 고생을 너무 시켜서. "와이프는 부부니까 카드 돌려막기로 내 것도 쓰게 되고, 나쁜데 쓴 것이 아니고 잘되려고 하다 보니 그렇게 된 것을 누굴 원망할 것인가."라며 나를 위로했다. 아내가 내 얼굴을 보고 웃으면 다시 힘이 난다.

나의 삶을 돌아보니 신용불량자와 같은 외상 경험은 일상생활을 하는 데 있어서 역경을 극복하는 과정에서 나 자신을 위로하는 의미에서 어쩌면 행복하고 의미 있는 삶을 영위하기 위한 인생관과 가치관의 새로운 정립이 아닌가 생각한다.

역경을 극복하기 위한 능력 동원하기

　사람은 불행한 일을 당하면 사태를 극복하기 위해 자신이 가진 모든 능력을 동원한다. 당면한 사태를 개선하고 유사한 상황의 재발을 막기 위해 온 관심을 다 쏟는다. 나 자신도 지난날을 후회하며 반성하면서 생각해 보니 참, 어리석었다. 사업을 한답시고 어려운 일이나 중요한 일들을 가족과는 상의 한번 한 적이 없었다. 나 자신 스스로 가족의 지지를 무시한 채, 오랜 시간 독자적이고 고집스럽게 혼자의 해결방식으로 삶을 유지하고 있었다.

　인간은 자신의 미래를 얼마나 정확하게 예측할 수 있느냐에 따라서 정서적인 상태가 달라지는 것 같다. 인생의 어느 시점에서 심각한 역경에 직면하지만, 그 역경에 어떻게 반응하느냐는 전적으로 나 자신에게 달려있었다. 의지가 얼마나 강한가, 약한가, 유전적으로 낙천적인 성향인가, 부정적인 성향인가에 의해 크게 좌우된다는 것이다. 물론 직면한 역경이 얼마나 심각한가, 사전에 예측 가능한 것인가 하는 점도 당연히 영향을 미치겠지만, 사업이 흔들리면서 나는 스스로 극복하려고 갖은 노력을 하였지만 모두 허사였다.

　점점 나에게 잠재된 무력감과 낮은 자존감을 높여주고, 나 자신 스스로 다시 재기할 수 있도록 용기를 주고 지지해 줄 사람은 가족뿐인 것을 모르고 이곳저곳 세상의 사람들을 의지하며 하루하루를 견디었지만, 고통은 더욱더 늘어났다. 때 늦은 후회를 하지만 나를 지탱해 주고 용기를 주는 가족의 소중함과 귀한 가치에 대해 알고 나서는 나의 잘못된 생활의 악순환을 중단하게 되었다. 그 이후 타인과의 상호 관계를 향상시킬 수 있었다.

내가 만약 회복 탄력성이 낮은 사람이었다면 내게 닥친 어려운 환경에 대해서 내가, 언제나, 모든 면이 다 그렇다는 부정적인 방식으로 생각하고, 좋은 일에 대해서도 어쩌다가, 등 그 의미를 축소해서 받아들였을 것이다.

어쩌면 우리 가족들이 아니었다면 폐쇄적이던 나의 마음의 문을 열지 못하였을 것이다. 그러나 지속적인 가족의 헌신과 사랑으로 신용불량자가 된 나에게 명확하고 직접적인 의사 표현을 함으로써 가족들과 공감하도록 한 것이 가장 중요하게 작용한 것 같다.

일반적으로 사람들은 어려움에 처하면 자신이 가진 내면의 강함에 의지하기보다는 가족이나 친구에게 도움을 청하거나 훨씬 멀리 있는 것에까지 기댈 수밖에 없기 때문이다.

와이프가 애들만 아니면 벌써 이혼해 죽었지, 그런 말을 들을 때 역시 가족이야, 가족이 없이 고아였으면 자살했을 것 같다. 와이프가 다시 대학원 학업을 계속하라고 용기를 주었다. 아내와 아이를 돌보면서 할 수 있는 일을 다시 찾다가 처음 소개받은 게 보험회사이었다.

와이프는 내게 용기를 주면서 너무 많이 울며 감정을 공유했다. 또한, 서로 마음의 담고 있던 이야기들을 꺼내 신용회복을 하는 데 도움이 되도록 상호감정 이입을 해주며 가능한 비난은 피하고 자신의 감정과 행동에 정성을 다했다.

신용불량자라는 심리적 상처가 아직 회복되지 않은 상태에서 새로운 일들을 찾아 나서야 했던 내게 와이프와 처가집의 도움은 가족안정을 이루는데 긍정적 기제로 작용할 수 있었다.

개인 심리학의 개념을 실제적인 방법으로 구체화 시켜 나간 아들러가 정신적으로 건강한 사람은 현재의 악과 싸워나가는 데 있어서나 더 나은 미래를 위하여 협동하며 나아가는 과정에 있어서 용기와 독립심이 필요하다고 주장했다. 회상해 보니 나 자신이 절망감을 버리고 용기를 내어 새로운 일자리를 찾기 시작했던 것도 다 가족의 도움이 있었기 때문이었다.

개방적인 생각을 가지고 '나는 할 수 있다'라는 긍정적인 삶의 태도를 가족들과 공유하면서 즐겁고 행복한 감정에서 신용불량자의 삶을 헤쳐나감으로 위기를 극복할 수 있었다. 때로는 화가 나고 고통스러운 감정까지 있었으나 그 고통을 감수하고 참아내며 긍정적인 감정의 개방적 표현을 통해 부정적인 감정을 감소시키며 위기와 역경을 극복해 나갔다.

어떻게 하든 채무를 갚으려 했다. 채무를 갚지 않는 것은 남을 괴롭히는 것이라고 생각했다, 남의 돈 갚지 않으면 벌 받는다고 생각해서 최대한 갚아나갔다. 내가 벌인 일, 남의 돈 젊어서 고생은 사서도 한다는 마음으로 견디고 참고 다 갚았다. 하지만 너무나 힘들어서 나도 우리 가족 살 궁리를 하면서 빚을 조금씩 갚으면서 살았다. 그러나 도저히 견디기 힘들었다. 지쳐만 갔다. 도저히 버티기가 힘들어졌다. 그래서 결심했다. 모든 것을 내려놓기로, 그것은 개인파산을 하기로 한 것이다.

내가 신용불량자가 되기 이전, 개인 파산하기 이전까지는 가족들과 경제적인 어려운 문제나 갈등 문제를 내 고집으로 문제를 풀어나가는 방식과 자신의 욕구를 포기하는 패배적인 방법으로 해결하려고 하였다.

나 자신이 그 어려운 역경을 혼자만의 노력으로 극복하는 건 매우 힘들었다. 나 자신의 상황에 대해 긍정적으로 생각할 수 있는 방법을 찾아내는 것이 중요했다. 주변에서 그 고통을 덜어 줄 수 있는 사람이 있다면 효과적일 것인데 그것이 가족이었다. 이전에 사회적 교제를 통해 만난 사람들에게 신용불량자가 된 이후 현실에 대해 숨김없이 말하면 고통을 줄어드는 것 같이 효과가 있는 듯 보였지만 그 고통을 줄일 수는 없었다.

그래도 사람들과의 교제는 나 자신이 역경에 대응하는 데 도움이 되었다. 그러나 일자리를 찾다 보니 우리 사회에는 아직도 신용불량자에 대한 인식이 부정적이었다.

사회적인 오명에 대한 의식은 역경에 대처하는 방법 중에서 중요한 역할을 하였다. 좋지 않은 일로 사람들의 주목을 받는 것은 고통스러운 일이었다. 자존심에 상처를 입을 것이 틀림없기 때문이었다. 사람들 앞에서 스스로 죄인이 된다는 것에 대해 어떻게 설명할 수 있겠는가. 때로는 역경이 주는 부끄러움 때문에 고통스럽기도 하였다.

나 자신이 그런 환경에서 다른 사람과 의사소통을 하는 것은 대단히 중요하였다. 이것은 나 자신이 부끄럽고 죄송해서 가족들과 만남이나 의사소통의 단절을 경험하였어도 수동적인 입장에서 가족에게 애정과 도움을 받는 수혜자로 계속 살아갈 수 있었기 때문이다.

하루하루 지치고 고단한 삶이지만 그래도 견딜 수 있는 힘은 나 자신이 부모로 산다는 것에 대한 인식의 깨달음이 있었기 때문이다. 자녀와 부모와의 관계는 신용불량자 위기를 경험한 내가 살아야 할 강한 이유가 되었다. 이러한 관점에서 보았을 때, 일시적이고 기분에 근거한 행복과 신용회복을 하고 다시 우리 가정을 일으켜야 한다는 의미 있고 목적의식이 분명한 행복에는 차이가 있는 것을 알게 되었다.

자녀를 키우는 것은 부모들에게 보통 때 보다 훨씬 더 크고 부정적인 기분을 경험하게 할 수도 있지만 강한 의미와 목적의식을 부여하기도 한다. 역경에 대비하는 것은 의미 있는 일이다. 하지만 질병과 장애 외에 경제적 위기와 같은 역경이 갑자기 닥친다면 피할 수가 없다.

경제적 위기는 오늘을 살아가는 우리 모두에게 갑작스럽게 경험하게 될 위기 문제이기 때문이다. 하루하루 행복을 추구하기 위해 살아가지만, 행복은 자발적으로 목표를 추구하느냐, 외부적인 동기에 의해 추구하느냐에 따라서 좌우된다. 이상적인 목표와 당연히 이루어야 할 목표 중, 어떤 것을 위해 노력하느냐에 따라서도 좌우된다. 사람은 기쁘고 의미 있는 목표를 추구할 때, 행복을 느낀다. 그러나 많은 사람이 자신이 어떤 목표에 맞추어 살아가고 있다는 사실을 의식하지 못한다. 그렇다면 역경은 어떤 면에서 사람을 행복하게 할 수 있을까? 역경은 진정으로 하기 원하는 것, 신용회복 의지, 다시 원래의 삶의 모습으로 돌아가기를 원하는 것 등이 이루어질 때 경험할 수 있다.

나는 행복은 해석에 의해 좌우된다고 확신한다. 그러나 상황을 해석하기란 쉽지 않다. 현재의 삶에서 긍정적으로 생각해 낼 수 있는 것들을 생각해 낸 후 그때의 감정을 되살리려고 시도해야 할 것이다. 부정적인 사건들이 떠올랐을 때는 과거의 일부분으로 간주하거나, 언짢은 기분을 약화거나 없애기 위해 그 일들을 분석해야 할 것이다.

내가 남자라는 것이 참으로 외로웠다. 은둔형 외톨이가 된 것 같기도 하였다. 이 같은 감정은 남자에게 많고, 그것도 장남에게 많다고 느낀다. 그 이유는 남성들에게 사회에서 중추적인 역할을 기대하며 사회에 나가서 일하라는 무의식적인 압력이 남성에게 강하게 작용하는 편이기 때문이다.

내가 신용회복을 한 이후의 삶을 돌아보니, 나 자신이 신용회복을 위한 개인적 노력으로 현실적 한계를 인정하였다. 자영업을 하던 사장이었으나 재취업(도전)을 경험하면서 윤씨 아저씨라는 용어를 얻게 되었다.

중년의 나이로 신용불량자라는 삶을 경험하고 사회에 다시 재진입하려는 현실은 저임금에 비정규직 일자리, 불안정한 고용상황(이삿짐 일, 보험업, 판매업, 식당일, 편의점, 노가다) 등을 경험하면서 근로조건에 대해 아쉬움과 함께 세월 앞에 스스로 작아진 자신을 인정할 수밖에 없었다.

사업 부도로 소득은 없고 어린 자녀는 학원도 보내지 못하고 경제 사정은 점점 어려워진 현실을 받아들여야 했고, 살던 집을 버리고 낯선 환경에서 경험하지 못한 일들을 시작하여야만 했다. 절박한 경제적 빈곤의 삶 속에서 피눈물 나는 노력 의지가 있어야 했다. 생계의 위협을 느끼면서 노상에서 물건을 파는 일도 하였지만 구직 및 경제활동 과정에서 나 자신의 정체성을 발견하기도 하였다.

가족들 몰래 자살을 시도하고 술에 의존해 살아가던 나 자신이 과거의 경험은 뒤로 한 채, 신용불량자라는 자신의 신분을 회복하고, 다가올 노후를 준비하며 가정생활을 유지하기 위해서는 취업이나 기타 수입을 얻기 위한 방법을 찾아야만 했다. 내 후반기 인생에 대한 기대감이었다. 불확실한 미래를 아무 계획 없이 살아갈 순 없었다. 실직 중년의 나이 제한, 가장, 고령자, 건강 문제 등 열악한 환경 속에서 실패를 반복하면서 자녀들에게 손을 벌리지 않는 노후, 생활 안정을 통한 지나온 날들을 회상하면서 사회적 존재감과 삶의 가치를 느끼는 넉넉한 노후를 꿈꾸었다.

행복은 자신이 주체가 되어야 하고, 스스로 자신의 삶을 선택하여, 개인의 능력과 가치에 따라 자신 속에 잠들어 있는 잠재력을 깨워 발휘하고 스스로 긍정의 변화를 습관화하는 노력이 필요하다.

자신의 목표와 가치를 찾는 방법으로, 신용불량자 신분에서 신용회복을 위한 목표와 사회구성원으로의 회복으로 본다.

첫째, 자신이 지나온 과거의 삶을 가족들 지지와 협력, 개인의 재기 의지의 글을 주관적 객관적 입장에서 써보는 것이다(정지현 2015:76-78 재인용).

둘째는, 조건 없는 친절을 베풀기이다. 상대가 알던지, 모르던지, 행동이 크던지, 작던지, 그러나 베푸는 자로서는 어느 정도 대가와 희생이 요구된다. 이것은 순전히 자신을 위해서가 아닌 가족이 누려야 하는 행복의 부분이기 때문이다(정지현 2015:93-102 재인용).

셋째는, 자신의 마음 챙김을 생활화하는 것이다. 정신을 열고 마음을 기울여 감각을 연다. 주의 집중을 함으로써 자신의 목소리에 귀를 기울이고, 모든 순간을 깨어있는 정신으로 음미하는 것이다. 힘든 생각과 감정에 이 과정은 효과적으로 대처할 수 있게 한다(정지현 2015:115 재인용).

넷째는, 강점과 해결책을 모색하는 것이다. 자신의 강점에 집중하여 해결하는 능력을 갖추어 긍정적인 변화를 이루는데 기여한다.

강점을 찾는 것은 자신도 다시 신용회복을 하여 사회구성원으로서 남들보다 훨씬 뛰어난 장점을 살려, 전보다 더 행복한 삶을 살 수 있다는 재기 의지를 내면에 활기를 불어넣고, 기쁨을 주는 가장 소중한 가치를 살피는 것이다(정지현 2015:143 재인용).

다섯째는, 감사를 표현하는 것이다. 어떤 감사할 만한 대상에게 편지를 써봄으로써 더욱 감사할 일들을 떠오르게 만든다. 인생 전반에 대한 새로운 시각과 감정을 갖게 하여 행복지수가 가장 빠르고 높게 나타날 수 있는 효과적인 방법이다(정지현 2015:169 재인용).

여섯째는, 진심으로 용서하기이다. 용서는 매우 힘든 작업이다. 신용불량자가 된 원인이 자신의 잘못이 아닌 타인의 원인으로 되었다면, 종류에 따라서, 분하고 억울한 마음은 쉽게 사라지지 않을 수도 있다.

용서는 중요한 관점의 변화가 요구되며 분노는 과거의 사건에 집착하게 되고, 계속된 자해를 자신에게 연속적으로 자행하게 된다. 용서했다고 해도 다시 떠오르며 감정이 반복되는 과정을 인정하고 감당해야 한다(정지현 2015:190-191 재인용).

일곱째는, 사회적 연결망으로 관계를 형성하는 것이다. 신용불량자가 되었다고 은둔형의 삶을 살아가는 사례가 많이 있다. 사회적 고립감과 소외감은 커지고 있다. 특히 관계 형성이 어렵고 외로움에 취약한 신용불량자들은 세월이 흐를수록 고립감은 커진다. 이러한 사람들일수록 불신, 의심과 두려움, 적개심으로 타인들을 대하게 된다(정지현 2015:208-209 재인용).

행복이 만병통치약은 아니지만, 인간에게는 불만족, 불확실성, 혐오, 두려움, 분노 등과 같은 부정적인 감정을 어떻게 해결하느냐가 매우 중요한 부분을 차지한다. 감정을 강제적으로 해소하려고 할 때 오히려 예상하지 못한 더 큰 부정적인 결과를 가져오기 때문이다(정지현 2015:245 재인용).

참고 문헌

권석만 2011 인간의 긍정적 성품: 긍정 심리학의 관점으로. 서울: 학지사.

고미영 2012 초보자를 위한 질적연구방법, 청목출판사.

김동배, 권중돈 1998 인간행동이론과 사회복지실천. 서울: 학지사.

김종환 2010 상담사역론. 서울: 기독교상담연구원.

김종환. 채경선 2014 부부 치료의 이론과 실제. 부천: 국제전도 훈련 연구소 출판사.

김주환 2001 회복탄력성. 서울: 위즈덤하우스.

박형민 2010 자살 최악의 선택 자살의 성찰성과 소통지향성. 서울: 이학사.

박지원, 서초구립 반포종합사회복지관 2010 사회복지 척도집. 서울: 나눔의 집.

신경림 2001 현상학적 연구. 서울: 현문사.

신성종 1993 성경에 나타난 기독교 가정. 서울: 기독교 교육 연구. 4(1).

양옥경, 김미옥, 최명민 역 2006 가족과 레질리언스. 경기: 나남출판사.

이만갑 2004 자기와 자기의식. 서울: 소화.

이현수 2001 성격과 행동. 서울: 학지사

임경수 2010 인생의 봄과 가을, 중년의 심리이해와 분석. 서울: 학지사.